精進百撰

Shojin Hyakusen

水上勉

Mizukami Tsutomu

田畑書店

精進百撰

目次

題字、カバー・帯絵＝水上　勉
撮影＝槇野尚一
装幀・レイアウト＝田畑書店デザイン室

前書

典座修行

一章

食事を調《ととの》えるのに論を立てるのを好まないのである。水が冷たいとか、ぬるいとか、病人によく説明できる医師はおるまい。「冷暖自知」である。水の冷暖は患者に呑んでもらうしかわからせる方法はない。このことは禅寺で習った。

私は大正八年に福井県下の若狭で建設労務者だった父の次男に生まれたが、縁あって九歳で京都の臨済宗五山の一つ、相国寺の塔頭《たっちゅう》で小僧をつとめ、十一歳の時に剃髪《ていはつ》得度《とくど》。十三歳の時に同宗天竜寺派の等持院にうつり、得度の際は大猶集英という僧名だったのが、天竜寺派にうつると承弁と改められ、十九歳まで同寺で小僧をつとめた。その間に、禅宗徒弟養成所ともいうべき、もと般若林（紫野中学となる。現今の紫野高校）や花園中学に学び、花園中学を卒業して、まもなく等持院から脱走した。戦時色の濃くなっていた昭和十一、二年の頃だったし、早く還俗《げんぞく》して、国家のすすめる志願兵となるか、満洲（中国東北部）へいって兵役をまぬがれられる軍属にでもなっていた方がいいだろうというような漠然たる計画があったように思う。花園中学を卒えた年まわりに、立命館大学の国語漢文科に入学したけれど、その文学部も廃止になる噂もあって、事実、私が退学してまもなくに廃止になった。松田という文部大臣がいて、その人の命令で中学校の英語授業も廃止になった。そんなこんなで、十九歳の私に、世話になった寺を出なければならぬ苦悩も理由もあったわけではなかったが、とにかく、戦争下でもあったので徴兵や徴用に脅えながら、向う見ずに、ある日とつぜん寺を脱走したのである。

等持院には小僧が七人いた。私のように中学教育を卒えた者は五人いたが、なかの二人はすでに岐阜県下の僧堂へ行って、病気になったため暇をもらって帰っていた兄弟子である。昭和五年の夏に私たちの師匠である二階堂竺源師が遷化《せんげ》されたので、そのあとへ、東福寺管長で同僧堂の師家でもあられた尾関本孝老師が住職として赴任してこられた。

本孝老師は当時の天竜寺師家関精拙師の弟《おとうと》弟子であった。それが、等持院へこられる縁だときいた。この老師がこられて、七人の小僧の中で、私が「隠侍」にえらばれた。隠侍とは老師について食事や寝所の世話をする役であった。つまり、禅寺では奥さまがいなかったから、その役目だろう。本孝老師には東福寺僧堂の隠侍さんも随行してこられ、このおかげで、私は東福寺の僧堂の典座《てんぞ》職にでもなったように、禅宗の調理を老師や隠侍さんから教えられた。ありがたいことである。中学三年頃から隠侍見習をはじめ、五年を卒業しても、まだ一年ぐらいはつとめたから、足かけ四年、ずいぶん長かった。僧堂へゆかねばならぬ年齢が来ていたのだが僧堂へ入ったような特訓をうけたのである。

尾関本孝老師は柔和な顔立ちで色白な方であった。風呂番もし、按摩もしたからよくおぼえているのだが、禅宗師家にありがちな人を威嚇する風の筋骨たくましい、赤銅色の肌ではなく、やさ男の方で、いまふうにいえばスリムで美男子だったように思う。その老師が畑づくりをされ、料理を教えて下さったのである。もっとも、老師にはお客さまも多かった。新しい寺にきて隠寮（老師の部屋）にこられるお客さんは、殆んど東福寺時代からの信者で老師の新生活を気づかっての訪問だった。話が長くなると、食事もして泊られる客も多かった。お客さまは阪神地区や奈良に住まわれる著名な財界人や年輩の奥さま、未亡人などで、どなたも運転手付きの自家用車を境内に置かれていた。畑は隠寮の庭つづきにあって、つっかけをはいてもゆけた。ガラス戸ごしに菜の育ちも見えるのだった。老師は、お客さまがおいでるらしい電話かハガキを頂かれると、私にいちいち報告なさった。そして、「畑と相談や」とおっしゃって献立をきめられた。畑へ走るから、「馳走」というのだとは、この時に教わったのであるが、こぼれるようにありがたい教訓が得られたのも禅宗寺の生活であった。不立文字の思想が、実体験させられるのである。

知識ぶるのを承知でいえば、鍬《くわ》をもつことも禅であった。便所の肥え汲みも包丁をもつこともであった。立つも座るも座禅だった。働くのももちろんである。やがて、ゆかねばならぬ僧堂では、明けても暮れても「作務《さむ》」ばかりだと兄弟子におどかされていた。作務とは働くこと。畑つくりも薪つくりも、典座（台所で雲水のために食事をととのえる）の米つきもだった。

老師は食事すること、つくることも修行だといわれた。お客さまによろこんでいただくのも働くことの一つ。老師は酒好きだった。いつも、隠寮の小仏壇の小襖をあけると「沢之鶴」や「松竹梅」やの一升瓶がつまっていた。ほとんどがお客さまからの頂戴物だった。私の、この本でのちに発表する「精進百撰」が一品物に片寄るのも、老師が酒豪であられたこととかかわりがある。レパートリーが自然とお酒のあて風になったのである。みな即成である。老師はつまり、畑の菜と相談して、ご自分のたべたいものをつくられ、あるいは隠侍に命じられ、私はわきで見て教わったのである。老師と隠侍和尚の教え方は、自分で包丁をもち一品一品をつくってみせて、私にも味わわせられた。ぜいたくな教室といえた。東福寺の隠侍さんから直《じ》かに畑で菜やにんじん、大根をぬいてきての調理を教えられたのである。

毎週金曜日に「六祖壇経」（敦煌から発掘された六祖慧能の伝記）の提唱があった。八十人近いお客さまが見えた。その中に、御室や鳴滝に住まわれる映画監督のＩ氏や有名女優のTさんや、俳優のKさんなどの顔があった。提唱がすむと、書院で昼食だった。人数が多いから、北野天満宮前の「近安」とかいう料理屋や、麩屋町あたりにある仕出し専門のSとかいう店から、職人さんらが五、六人、アルミの容器に吸い物と具を入れた木箱を積んだ自転車できて台所を仕切られた。その中にHという四十年輩で頭髪のうすい人が隠侍担当の私に調理を教えてくれた。また奈良のG院（本孝老師遷化の地）の住職をされていた、老師の東福寺僧堂時代の隠侍さんだったO和尚もきて手つだわれ、その和尚からも調理を教わったのである。O和尚は調理に巧妙で、二十年前にもなるけれど、奈良のG院では法事客に精進料理を出して好評だときいたが、むろんO和尚亡きあとを受け継がれた現住職の事業なのだろう。

自慢げにきこえようから、私の幼少年期の調理修行について語るのはこれぐらいにしておく。論を立てるのは好まないといっておきながら、「精進百撰」などと立てるのであるからむろん矛盾は承知しているのである。承知ついでにいえば、あとで紹介する料理はすべて自分でつくってみた。中には畑で種子から蒔いて育てた菜もある。

ところで、私はこの文章を書く八年前、つまり、七十歳の六月に、心筋梗塞を患って、三十九日間も集中治療室での治療を余儀なくされ、約三年間の病院生活を送った。その病院は二、三とりかえて入退院をくり返していたのだが、いちばん長かった病院は東京品川区にあり、心筋梗塞に襲われて救急車で世話になった先は目黒区だったが、私自身は世田谷区内に住んでいたのである。三十九日間の集中治療室での加療の甲斐はあって、三分の二の心臓が壊死して、三分の一しか残存部が生きていないのに、どうやら生還できた。そのため、東京生活を逃げて（脱走が好きなのだ）、信州の里山に生活をうつし、畑をつくって野菜を育てながら、自分の食料ぐらいは自分でつくる生活に入って足かけ五年になる。

二章

病院では、三食をあたえられた。

その病院には、特別室というぜいたくな個室があって、献立にも格差があった。上の部も病院食ではあるけれど品かずも多くて、まるで料理屋の膳のようなのがきて価格も高かった。むろん保険外の支払いであった。

さて、その、三食のことだが、時間はきっかり守られ、朝は八時、昼は十二時、夜は六時だった。いま、その献立表のメモをわきに置いているのだが、たとえば、平成四年の八月七日では、朝食は食パンひと切れ、紙コップ一杯の牛乳。ゆで野菜のもりつけ（キャベツ、にんじん、トマト）にじゃがいものサラダ、バター小一個にジャム二種の銀紙包みのものである。四時間後の昼は正午かっきりときまっていて、ごはんに、吸い物椀（湯葉ひと切れ、三つ葉一、二本）に、焼魚（鱈の尾部）に、ゆで野菜のひたし（ほうれん草）、白身魚と白菜の酢和えなどである。つぎは六時の夕食だけれど、これもごはん（小さな木製の飯櫃ともいえるものに入れてある）に、吸い物汁（高野豆腐のサイコロ状のもの三、四個に、三つ葉一、二本）と、豚肉の角煮（中華の東坡肉状のもの）など小鉢に入れ、あとに小皿にわさびつきのマグロ、イカの刺身。小鉢に肉じゃが、スープにトマト。酢の物がある（わかめと胡瓜）。

三食とも、病人の私には豪華だと思われた。きちんと三食の時間が守られているのは、看護婦さんの交替時間にもよるのだそうだけれど、時間が厳守されているのは、ベッドで寝たきりであっても、生活のリズムというべきものが計算されているようであった。リズムを踏むことで栄養を摂り、快癒を一日でも早めようという病院側の目標であろう。ところが、私は正直なところ右の献立表で示したような三食は殆んど喰えなかった。心臓を三分の二も壊死させているのだし、残存部三分の一で生きているということは、九歳の時に出家するために別れた母――若狭の村で、建設労務者の妻でありながらも、片山内閣の自作農創設で小作も格上げになった制度のおかげで、私たち五人の子を養育するために、その田仕事へ出ていた実績を買われ、地主から、五反歩もの田を分けてもらえたため、一層の努力を強いられて、新しい持ち田を守りしていた母親――この人のくれた心臓にちがいなかった。健康だった農婦の母親が子に与えた五臓六腑は、まことに健常なものだった、とみえて、一万人のうちに一人の生還に等しいと主治医もいった三分の二の心臓壊死のままで、虫の息にしろ、三十九日の集中室治療に耐えて生還できたのである（心臓は壊死すると、絶対といってもいいぐらい快癒しない。壊死した部分はカサブタ状になって残る)。同じ文壇人で私の生還は奇跡的なことだと新聞に書いた人もいたぐらいだった。むろん、週に一どぐらい(三年目には月一どとなり、五年後は年一回となった)のC・T・スキャン(心臓病患者を鉄炉状のトンネルに寝かせたまま血管に放射性元素を注射して、挿入し、放射能の反応で画面に生じるグラフ線の変容で心臓の壊死部と未死部との数値を測定する道具)係の女性操作員の説明だと、私の残存部の心臓はよく働いているそうである。ふつう以上に丈夫だといってくれるのもうれしかった。けれど、その心臓をくれた母親と暮した九歳までの食事はきわめて粗末だった。私の生れた大正八年は米騒動、シベリア出兵の年まわりだった。農村は大不況のどん底だった。父の建築の方も働き口がなく、生家は赤貧洗うようで、五人生れた兄弟妹に三どの食事はなかった。ようやく、その口べらしの役を背負って、京都の禅寺へ九歳で行ってみると、藪で伐った竹枝が薪がわりで、その枝の十本か十一本で、和尚夫妻と私の、三人分の朝粥を炊かねばならぬような典座修行だった。昼も昨日ののこりの味噌汁かけのごはんをたべてますのだったし、夜は畑の大根、にんじんを油揚げと煮ふくめたものぐらいであって、時にはそれに葛粉を溶かしたあんかけでもしてあれば上々品だった。禅宗本山の塔頭寺の奥さまのやりくりはいつも底をついた経済事情(和尚は本堂も書院も近くの同志社大学の学生に間貸していたが)であったので、等持院に転入した時に、やっと、七人の小僧仲間に入れてたらふくたべられると思ったのもまちがっていた。中学生になっていたから、喰いざかりだったし、その私に三年生頃から、卒業後の僧堂ゆきの練習のための食事もちゃんとしたものは三どもなかった。等持院では、庭園の茶室を東京の詩人金子光晴氏や、日夏耿之介氏、富田砕花氏（京都の寺院に仕事部屋をもつのが流行していた）に貸して庫裡の賄費にあてていた時代がある。

この寺の粗食の資料に金子氏の文章があるので、紹介しておく。いま等持院での粗食のひどかったことを書くにしても、いくらか誇張が働くのを警戒するためにも。

「朝は……台所のひろびろとした板の間に、四、五人の僧達が、箱膳を前にして、行儀よく坐っている。まんなかに大きな汁鍋がある。ろくに実のはいっていないうすい汁だ。他に漬物があるきりだ。食事が終ると、注いだ湯で上手に茶碗と椀を洗い、洗った汁をのんで、ふきんでふき、そのまま膳におさめる。昼は、南瓜か、茄子などを辛く煮たもの一いろ、晩は、朝ののこりの汁で雑炊をつくってたべる。おどろくべき粗食だった」と金子光晴氏の『詩人』にあるのだが、まことに粗末な食事であった。だがそこで中学生時代後期をすごした私には、その後、小説を書くようになって多少の収入もあるようになり、心筋梗塞に襲われて超高級とはいえないまでも、同じ個室病棟には国の要職を退いて高齢になられた方も入院中だときくほどの病院で、ぜいたくな三どの食事はとても喜べず、快癒未だ遠い心臓病患者であってみれば、尚更に、脂《あぶら》濃《こ》い「豚の角煮」「牛ロースのステーキ」など、禅宗育ちのこともあって、とても箸をつけられないのであった。ところが三ど三ど時間厳守で、顔も知らぬ板前が病院外の厨房でつくるらしい特別メニューも、看護婦の交替出勤の都合もあってと書いたが、事実、この交替の際には巡回当番の看護婦が次の者にひきつぎ報告をしなければならないため、「食事は何分の一ぐらい残したか」と意外に数字でこたえることを要求した。それで、近過去の記憶はあいまいになりはじめている七十坂の私も、だいたいのことは嘘もまじえて「朝八〇％、昼五〇％、夜五〇％」などといいかげんなことをこたえるのだったが、それを真にうけるはずもない看護婦は、手にしたノートの欄へあいまいな数字でも書きこまないと、ひきつげないのかとも思われる、当人もたよりないと思っているらしい筆記のし方で、数字を書き入れて去るのであった。

このような特別病室であった。孤独に約三年間をすごす間に、枕もとへもちこんだ本といえば、寝ていても読める文庫本で、『正法眼蔵《しょうぼうげんぞう》』『臨済録』『正法眼蔵随聞記』『典座教訓《てんぞきょうくん》』『赴粥飯法《ふしゅくはんぼう》』『無門関』『唯摩経《ゆいまきょう》』『金剛経』『般若心経《はんにゃしんぎょう》』『幸田露伴全集』、芥川龍之介や佐藤春夫、宇野浩二、広津和郎の小説などであった。この際、難解だときめこんで、読まずに積んでいた、なつかしい『語録』や『遺偈集《ゆいげしゅう》』まで、燭光の淡いスタンド下でも読める軽装版をわざわざ家内に買わせ、はこばせたものであった。つまり、中国禅の書が多かったのだが、小僧時代のなまけをとりかえす機会だと考えもして、たとえば『赴粥飯法』などよんでいると、等持院時代の僧堂へはゆかなかったけれど、僧堂生活の仕度を課せられていた三年間ぐらいの「隠侍生活」が思い出されて、道元禅師のはなはだむずかしい文章も理解できたのである。

たとえば朝粥の食前に座して、箸をとる前に合掌礼拝し、金子光晴氏の文には出ていなかったが、小僧だけで「十仏名」を唱えたあと、「五観の偈《げ》」を唱えるなど、まるで童謡でも口ずさむように出てきた。粥時の偈は、「粥有十利《しゅうゆうじゆうり》、饒益行人《にょいあんじん》、究竟常《きゅうきんじょう》楽《らく》、三徳六味《さんてるみ》、施仏及僧《しふずさん》、法界有情《ほうかいゆうじん》、普同供養《ふずいくんにょう》」と唱えたのである。「十利とは、一に色《いろ》、二に力《りき》、三に寿、四に楽、五には詞清、六には寝食が除かれ、七には風も除かれ、八には飢えも消え、九には泡も消え、十には大小便調適」だと兄弟子は教えたのである。金子氏はつづける。「僕は、一日で閉口してしまった。そこで、一策を案じ、朝はわざと寝坊をして、小坊主が起しにきてもきこえないふりをする。十一時頃に起き出して、そっと寺をぬけ出し、夜、新京極あたりで食事をすませて、みなが寝しずまってからかえってくることにして」と私のいた頃から約十年前に金子光晴氏は書いておられるけれど、私たち小坊主には、氏にはどうにもならぬと思われた粥もごちそうだったし、粥をたべると十もの利益《りやく》がある上に、さらに行人を饒益し、果報は無辺にして究竟常楽だというのである。次いで、昼食の際も同じように箸をとる直前に合掌礼拝して、「三徳六味」の偈《げ》を唱えた。三徳とは、一に軽軟、二に浄潔、三に如法《にょほう》作《さ》。六味とは、一に苦《にが》きこと、二に酸っぱきこと、三に甘きこと、四に辛きこと、五に鹹《しおから》きこと、六に淡きこと、これは涅槃経《ねはんぎょう》にある、と兄弟子は教えた。三徳と六味とを、仏及び僧、この世の生きとし生けるものに施し、普く供養せん、という意味であった。禅宗では曹洞宗でも臨済宗でも、施食の偈と、昼めし（斉《とき》という）の偈と「五観の偈」を合掌して声を長くのばして唱えてから喰った。五観とは、「一つには功《こう》の多少を計《はか》り彼《か》の来処を量《はか》る。二つには己れが徳行の全欠《ぜんけつ》を忖《はか》って供《く》に応ず。三つには心を防ぎ過《とが》を離るることは貪等《どんとう》を宗とす。四つには正に良薬を事とするは、形枯《ぎょうこ》を療ぜんがためなり。五つには成道《じょうどう》の為の故に今此の食《じき》を受く」というのである。

一つは、目前に置かれている食事が出来上ってくるまでの手数の多いことを考え、その供養をうける資格が自分にあるかどうかを反省してからいただこう、という意味である。畑にしても山にしても長芋を掘るにもたいへんな労力が要るし、豆腐一丁つくるにもいく段階もの手数がかかっている。

二つは、この食事をうけることは数多くの人々の供養をうけることにほかならないから、自分がその供養をうけるに足る人物になっているかどうかを自分に問うてみるのである。

三つめは、常日ごろから、迷いの心がおきないように、また過ちを犯さないように心掛けているのは当然だけれど、その際にむさぼりの心、怒りの心、道理をわきまえぬ心の三つを改めて根本として考えてみよう、というのである。
四つには、こうして食事をいただくことは、とりもなおさず、良薬をいただくことであり、それはこの身が痩せ衰えるのを防ぐための食事である。
五つには、いま、こうして食事をいただくのは、私たちに仏道を成就しようという大目標があるからである。

と、僧堂から病気で帰山している病人のはずの兄弟子は、私ら下弟子が僧堂入りの準備期でもあったので、詳しく偈の意味を教えてくれたのである。だが、十七、八歳だった私に、よくこれらの偈文の意味がわかっていたとは思えない。

しかしながら、七十歳になって、枕もとへもちこんだ『赴粥飯法』に、この朝昼の食前の行事が出てきたので、読んでいると、三ど三どの病院の食事が豪華すぎて重くなってきたので、半分ぐらい残してしまうのだった。記録せんがためにたずねにくる看護婦さんは当然私の食事拒絶には不機嫌である。百パーセント平らげる元気を要求してくる。三年も入退院をくり返しているのだから、患者の方も、自分の持ちものに違いない病気を（私の場合は三分の一になってしまっている心臓を）、病院側の持ちもののように錯覚し、看護婦さんの方も錯覚して働いているらしいのである。主治医も、私の心臓をあずかっているようなことを週一回の部長回診の際にいうこともある。どこに、人に心臓をあずけて生きている人間がいよう。生きるかぎりは、自分の五臓六腑は自分の持ちもののはずだ。これは若狭で一生を農業で終えた文盲の母が私に教えたことである。その母がくれた心臓が丈夫だったものだから、三分の一にしろ私は残った心臓で生きているのだった。

三　章

一ど心筋梗塞を経験して心不全恐怖の老境におられる方ならご存じのはずだ。カテーテル検査後の薬量の多いことといったらないのである。三年いてもいっこうにクスリだけは減らなかった。いま、手許のメモによると、朝食後散薬のラドンナ二包、ラシックス白錠一、アルダクトン白錠一、ワッハリン白錠一、ニトロールカプセル一個。昼食後はラドンナ散薬一包、ワッハリン白錠一。夕食後、アローゼン散薬二包、ニトロールカプセル一個、ワッハリン白錠一、八時すぎに服用するハルシオン1／2を加えると、心臓病の薬だけで、約十三種類も呑んでいる。その上に、私の場合は、退院後、胃の中に直径五センチもある悪性腫瘍が見つかり（それもワッハリン服用のおかげで発見が早かったそうだ。ワッハリンは血液の流れをよくするので、胃内のできものに出血があったのが早く便にもれたそうだ）、腫瘍が破裂して下血のひどかった時は輸血もして大騒ぎだったらしい。胃の二分の一を切除するという、救急病院を逃げて品川区内の心臓医のいる病院にもどり、内視鏡での切除手術も二回やったので、胃腸内科の方から、一日に約十錠が増加。心臓のをあわせると、一日に二十何錠かを三ど三どの食事後に、透明容器にピンセットではさんで、白手袋をはめた看護婦さんが持ってくる。この薬の量は、私にはいくら何でも胃の中で薬と薬が衝突混乱するようで、多すぎるように思えた。けれどもそれはいえなかったのである。なぜか。もし、それをいってみても看護婦さんは主治医に使われているのだし、患者の方側に看護婦さんは立ってくれていないのだった。服用を強制こそすれ、拒否すれば怒るであろう。患者の薬剤の服用拒否は医師に抗うことになるからである。

股うらだとか、脇のうすい皮膚にトゲが立つような痛覚が感じられて眠れなくなったのは、二どめのカテーテル風船治療後三日ほどしてからだった。家内に『医師のくれる薬の辞典』という本を買ってもらってよんでみたら、利尿剤のラシックス、ニトロールに降血圧の副作用があると書いてあった。私は知らぬまに高血圧患者になっていたのである。

これはおかしい、と考えた。私は幼少時代から禅寺で育ったので早起きを強いられた。だが朝起きは低血圧症のため不可能だった。相国寺では縄を手にくくって就寝し、和尚が早朝六時にひっぱるといやでも起きねばならなかった。それが低血圧少年の早朝六時の起床だった。冬だとつらかった。等持院でも七人の小僧はみな早起きだった。作務があったからだ。勤行《ごんぎょう》朝課《ちょうか》もあった。私の場合は中学上級になってから本孝老師が晋山《しんざん》してこられたので、隠侍の仕事があったため、皆より三十分ぐらい早くに起きて、老師の寝所の床あげにゆかねばならなかった。ところが、私は生れつき低血圧だった。これは持ち前の症で、九歳まで若狭の生家で、母親とつれだって田圃へ出ていても、よく畦道でひきつけを起したそうだ。母親は私を背負って駅のある村までゆき、医者に診せてくれたが、ひどい低血圧だったようだ。ひきつけとは今の日射病だろう。

そんな体質の少年期をおぼろげに思い出すと、七十歳になっているとはいえ、この多量の、副作用にしろ降血圧の役を果す薬剤は私には殆んど不要なものに思われてきた。どうしても呑まねばならないものならば、血圧の下らない品種ととりかえてもらうしかないだろう、というようなことを考えるようになった。このことは『心筋梗塞の前後』（文藝春秋刊）にくわしく書いたので省く。うすい皮膚の部分にトゲが立つような痛覚をおぼえたのは、多量の薬剤に馴染めない何かの警告ではなかろうか。

そこで、私はナースルームから婦長さんにきてもらって訴えた。そしてこの病院にきて医師からたずねられもしなかったところの、私の幼少年期に禅宗寺でクスリというものに縁がなかった暮しをしたことを縷々のべてみたのである。むろん低血圧症だったということも。婦長さんは、私に両手をあげさせ、脇をのぞいてみたりしていたが、まもなく、「どこにもそんなトゲは出ていませんよ」といって、私の幻覚だとわらった。病院に長滞在する高齢患者に、よくめぐってくるありふれた幻覚現象だといいたそうで、まだ四十代後半と思える婦長さんは、にこにこして部屋を出ていった。

私は考えこまざるを得なかった。まったくいつのまにか、私の三分の一の心臓を病院にあずけてしまっていたのだ。こんなことをゆるしたはずもない。また、相談をうけたこともないと考えるようになった。読者はこの当時の私の考え直しを笑われるやもしれない。世話になっておきながら医師のやり方を詰《なじ》る患者ほど厄介なものはない。あるいはこの当時の、私の考えこみ方も、クスリの副作用であるところの、脇の下や股うらに私だけに感じられたトゲトゲ現象に似た推断だったかもしれないが。

いずれにしても、道元禅師の『正法眼蔵』や『随聞記』や『典座教訓』など禅籍評釈の軽装版を寝ころんで読んでいるほど幸福な時間はなかった。約三年間、つまり、千日ぐらいの間に私は常から、あるいは小僧時代から難解だと捨てていた本に馴染みだし、禅籍のほかに『史記』や『春秋左氏伝』や老子、荘子に関する本まで、家内に買わせて読むようになった。まことにこれらの本を、ひと口にどう読んでどうなったなどと、まとめていうこともむずかしいのだけれど、たとえば、『赴粥飯法』などは、その評釈もよく理解できたのである。私は、三ど三どの高級ともいえる病院食を見つめつつ、箸をもとらず、その殆んどを喰わずに、もったいないことだったけれど、廊下の保温配膳器の中へどの病室よりも早くにさしこんで、知らぬ顔をきめこんでいたのである。

　もったいない、といってみたが、まことにこの午前は四時間後、午後は六時間後に配られてくる、多い時は八品目も揃えられた豪華な料理は、心臓三分の一の病人の軀には不要だと思われた。喰ってしまえば、私は肥えて豚同様になり、飛行機の椅子に皮帯でくくりつけられて、機内食を喰って出っ腹になる紳士のように、息喘いで心臓に負担をかけて生きねばならないだろう、と考えたのである。床に寝たまま高級な三食を喰えば、いつまでもこの病院から出ることは不可能だろう。そう思うと、すぐにも脱走したくなった。私は考えた。たとえば、枕もとにある陸游翁の詩のような暮しはできないものか。こういう詩である。

　　蔬食《そしょく》

今年《こんねん》　徹底《てってい》して貧《ひん》なり
復《ま》た一肉《いちにく》をも具《そな》えず
日高《ひたか》くして空案《くうあん》に対《たい》すれば
腸《ちような》　鳴りて車軸《しやじく》を転《てん》ず
春薺《しゆんざい》　忽《たちま》ち已《すで》に花《はな》さき
老筍《ろうじゆん》　竹《たけ》と成《な》らんと欲《ほつ》す

平生《へいぜい》　蔬食《そしょく》を飯《はん》するも
此《ここ》に至《いた》りて亦《ま》た足らず
孰《たれ》か知らん　読書　却《かえ》って少《すこ》しく進《すす》み
飢《う》えを忍《しの》んで客《きゃく》に対《たい》し堯舜《ぎょうしゅん》を談《だん》ず
但《た》だ此《こ》の道《みち》をして麄《ほ》ぼ伝《つと》うる有《あ》らしむれば
深山《しんざん》に餓死《がし》するも吾《わ》れ何《なに》をか恨《うら》まん

蔬食とは野菜ばかりの食事をいうらしい。南宋の憂国詩人といわれた陸游翁が田舎で暮していた時の七十歳の詩である（私も心筋梗塞に襲われた歳は七十だった。ああ）。今年は徹底的に貧乏をし、もう一片の肉もない。日が高くのぼった真昼、何もない膳に向っていると、腸がごろごろ車をころがすように鳴っている。春のなずなはもう花をつけてしまい、日を経た筍は竹になってしまいそうだ。日ごろから、野菜の食事はたべなれているけれど、こうなってはそれも十分にない。

ところが、あにはからんや、学問はそれでかえって少しく進歩し、ひもじさを辛抱して客と対座して堯舜の理想政治のことを議論しあっているのだし、もしこの理想の道が、ほぼ伝統を保ちさえすれば、たとえ山奥で餓死しようとも私には何の悔いもない。

一海知義氏の訳註本を見て、殆んどそのままをうつしてみたのであるけれど、凡そ千年近く以前の、南宋末に、浙江省の紹興近くの寒村でひそみ暮した老詩人の、この「蔬食」にあこがれたといえば読者はわらわれるかもしれない。わらわれても、論を立てたのだから、私は先へすすめねばならぬ。

四章

蔬食三昧の暮しはいまの日本で可能だろうか。

私は三分の一しかなくなっている心臓のことを考えて、一万人にひとりが可能といわれるような、死んで当然の状態から生還できたのだから、あといくら生きられるかしらない余生を、陸游翁にならって、どこかの山奥で粗菜に甘んじて暮そうと思ったのである。たとえ一片の肉がなくとも、豆腐や油揚げがあれば蛋白源はとれようし、本孝老師に習った、精進料理といわれる蔬食暮しがしたくなった。

婦長さんの話だと、全国には、心臓病の人は百万をこえるそうである。うち心筋梗塞を経て心不全を恐れる人も六十万はいるだろうとの推定である。私は、それら六十万の病患を憂えて暮す人々のためにも、ぜひ、三ど三どのぜいたくな食事でない、蔬食暮しをして三分の一の心臓を充分に長持ちさせてみたいものだ、と考え、家内とも相談して、先ずこの病院を脱出して、近くの賃貸アパートに逃れ、外来患者として主治医に通いつめながら、山奥の栖《すみか》を物色することにしたのだった。むろん、そんな理想境はすぐありはしなかった。

長野県北佐久郡北御牧村字下八重原の勘六山に移る縁は、軽井沢の家を処分した時に話が起きたのである。上田市に在住のMさんの世話だった。

私は軽井沢町南ヶ丘区に山荘をもって十五年経っていた。毎年五月から十一月まで、殆んどひとりで自炊して暮した。時には編集者も多数集まって食客が揃う夜など、調理の巧みな女性と契約してきてもらっていたが、殆んど精進料理は私が自炊した。次々と改築建て増しするのが好きで、はじめは、工務店まかせのログハウスふうのスレート屋根の平屋一棟だったのが、玄関からすぐの十畳広間に炉を切って床に陶板を敷いて床暖房を入れたのが気にいった。書庫も足して歴史物を書く場合の資料本や文学書も一万冊はあったかもしれない。そんな本に頼って越冬することも五年ほどつづき、評価される仕事もそこでやった。家内とはひと味ちがう愛着があったこともたしかで、退院後のことを娘も入れて相談したとき、主治医は、霧のふかい高原は若者にはいいけれど、心臓が三分の二も壊死した老人にはしょっちゅう息苦しい日が起きるはずで、それに、寒暖のはげしく変るのは何よりいけないと、軽井沢生活のことを何か固定観念がありそうなほど主治医と家内がクソミソにけなすのには参った。私には庭の一部に作った惣菜畑もなつかしかった。紹興の憂国詩人陸游翁をうらやむならば、自分のもっている山荘の畑栽培の日常を復活させたらどうかと、先ずそれを空想もしていたのである。ところが家内と娘は相談して、冬のうちに軽井沢へゆき、荷物、調度品などを整理していた。土地の業者がすすめる何とかハウスのモデルハウスをずらり建てて見学させる土建業者に、敷地の広さといい、場所も新幹線（まだ通っていないのである。私がもし生きていたら七十九歳の時に開通）が通ったら駅から五分の好適地になるのがいいとしきりに迫られ、売買時価が降《さが》る一方でもあったので、家内と娘は急いで処分したくなったようだった。買い手のきまっているのはめずらしいとすすめられ、私もその気になっていた。値段もバブルのはじける直前の時価に近かった。私は、何とかハウス業者が惣菜畑をこわしてモデルハウスを建てるのでは嫌な気がしたけれど、売れば買い手の思いなりで何に使われようと相手次第であった。ただ、相手が会社なので取引きがしっかりとしているのに惹かれると家内らはいっていた。

この話をきいて、一、二ど「離れ」に泊ったこともある、私とは長い友人のU女史が、病院へ見舞いに来た時、財界人だけれどSさんの会社がほしがっているといった。Sさんはそこの社長さんで、軽井沢南ヶ丘は便利である上に敷地も適しているのでぜひ会社の女子寮に使いたいといって下さっている由。ついては、古い木造の建物をこわさず、そのまま丹精して使ってみたいということだった。そのまま残してくれるというなかに、いちばん問題になっていた屋敷つづきにいる管理人夫婦の律儀な性格も別れがたいものがあり、その家族もいっしょに使ってくれるとSさんがいわれるのには心を打たれた。何から何までゆきとどいていて、ハウス業者より親身が感じられた。私はUさんの話にかたむいた。「とても、いい人よ、Sさんは、会社の腹心に秘かにやらせるから、表沙汰には決してなさらないから、というのよ」と彼女はいってくれた。むろん畑もモデルハウスにしてしまう買い手に比べれば親切な人にまかせたかったし、価格も時価の三分の二に近い家内の申し入れも呑んで下さっているということだった。これは私たち家族にとっては救いの神だった。退院した翌年あたりから、土地バブルの崩壊がはじまり、地価は下っていたのである。Sさんに悪いことをしたという気持ものちに湧いたが、よろこんでつかってもらっているということも私たちの気をよくした。

この話がまとまった頃に、上田在住のギャラリー主人のHさんから、北御牧村の山林に売地が出たという情報が入った。そこは小諸である。北御牧村というのは信越線小諸駅から車で数分でゆけるいま流行の湧泉村で、二カ所も何とか館という行政が経営する温泉場があり、明神館と名づける方は宿泊もできるとのことで（但しこれは建築中）、四十五度の温泉は豊富に出ているそうだった。村はその湯気の出る水を田畑へ捨てているということだった。私への売地のある勘六山という里山は千曲川を渡ってすぐの台地の上にあった。京都によく見かける御陵か古墳を思わせるなだらかな赤松の山だった。松は太さもそろっていて、松茸も出ない老木化した赤松林であった。三百本ほどがずらりと元気なみどり濃い枝を張って、背中から抱くように畑地の朝鮮人蔘の栽培棟を囲んでいた。その畑の下は竹藪になっていて、めずらしいハチク林だった。百坪ぐらいあったかもしれない。先ず、このハチクの藪が勢いよく混生しているのが気に入った。陸游翁の畑づくりにかぶれるとしても、何か老いてから手仕事をはじめたかった。それには中国の風に習って、竹皮を煮て餅にし、紙に漉《す》くというかんたんな工程の作業を計画していて、そのためのアトリエを建てるのも、笹しか生えなかった軽井沢時代からの夢だった。

むろん私の夢想を羽ばたかせるのには、家内と娘が村長のOさんに会って、とてもしっかりと説明する人だったことも原因した。私の長い友人である井出孫六氏の遠縁に当るということだった。「これから村が生きていくには都会からの移住者が必要です」とのことで、それには私の心臓病による軽井沢山荘を売っての移住が、村の造成地の売買方針にもよくかなっているということだった。こちらは病気も背負った老境ゆえ厄介もかけるのであるけれど、「先生をあからさまな広告塔にしません、けれど、せめて勘六山の分譲地のすべては、先生の息のかかった方々に住んでいただきたい」といっている由だった。私はその勘六山が写っている台地に御陵のようにこんもりとした赤松林と竹林の写真を見、南面の二千坪ぐらいの土地と、その山の背後にある閑

雅なにんじん畑を分譲地に工事中だというところもついでに見物に出かけた。まだ、品川の病院の裏口に近い借り間にいた時である。ひと目でみて私はここにきめた。赤松林と竹林が気にいったのだ。山の斜面のにんじん畑もむろんだった。竹藪も老後の紙漉き仕事を夢みさせてくれた。願ってもないところのように思えた。

村長のOさんは、むろん北御牧村の住人で、朝鮮人蔘飴の製造業者で会社を経営しておられた。だが、その会社も息子さんにまかせて、いまは村行政に身心をつくしているといっておられた。政治家というにしては朴とつすぎる物言いで典型的な信州人の強情さもお持ちのようであった。病後の私には、行政機関である土地売買公社が出来ていることや、村長直結のその機関がいろいろとやってくれるのが助かった。村長独断の夢も実現中だと思える様子だった。政治家で年の若いことは、自分でやった仕事の結果が年をとってから見えるのである。これは楽しいことであろう。たとえば、明神池という貯水池を中心にした松林の開発地区では、陶芸家の住む村が計画されていた。ゆくゆくはそこに新幹線の開通。一九九八年に開催の冬季オリンピックの会場に長野が決定していて、東京と長野をむすぶ超特急列車の夢が飛び、まだ信越線一帯は、よそではじけているバブルがのこっているように思えた。陶芸村は新幹線が通ってからのアートフェスティバル（全国陶芸まつり）の根拠地になるはずだった。工務店や土木関係で働く人の実入りはよく、中込や小諸に水商売が乱立。タイやフィリピンをはじめとする諸国から出稼ぎにきている女性もいる店が盛況だということだった。

心臓三分の一しか持たなくて、虫の息で生きてゆくためには、一升瓶以上の重さのものを持つことを主治医は禁じていた。この重いものを持つなということは、主治医のわたした退院の際の「生活上の注意」五ヶ条のトップにあった。私はむろん酒もたばこもやめていたし、一万人にひとりの生還といわれた心筋梗塞を経験し、カテーテル手術だけで終わった心臓病の壊死部分が三分の二。残った三分の一の心臓を大事に、栄養もバランスのよい食事を摂って生きる、田園生活を北御牧村ではじめようと思った。それは沸々と鍋からこぼれる湯のように、私の心に起きた。足かけざっと三年の、出たり入ったりした病院生活での苦渋を経た後の決断だった。農村生活に賛成してくれる主治医との縁も大切にしながら、あと何年か生きてゆくことの最低条件を果せる場所のようにその村は思えたのである。軽井沢は霧がこくて、タオルもしっかり乾燥しない冬があった。竹も笹に変化してしまう土地柄だった。北御牧村とは標高三百メートルの差があり、北御牧村はハチクやマダケの北限地に近いそうだ。山の南面なので、よく竹は育っていた。

私はひと目で気に入った赤松林と、ハチクの藪に勝手な夢をえがいて、京都から人見という人形劇団の大道具をひきうけてくれていた建設会社の若い社長さんに来てもらって、図面を書いてもらい、第一期の工事に入った。大工は軽井沢の書庫兼書斎を建てた時の臼田の建設業者であった。Yといった。Yは兄弟そろっての大工職人で、いわゆる工務店をもたぬ、むかしふうの道具箱をかついでくる大工で、仕事も熱心でていねいだった。その兄弟に北御牧村の家も委せて第一期工事をやってもらうことにしたのである。土台が完成したのが四月はじめ、上棟式は花祭りの翌日の九日だった。

私は信州の大工たちが母家を建設中に、山や藪の斜面に、二メートルのマンホールを埋めこみ、これに水を入れて、電気汲上げ機で水を上の人工池に、といっても畳二枚分あるかなしの浅い池へ集め、そこの池から引水廻流する仕組みにして、狐おどしふうの杵がうごくように計画した。大道具の人見さんに杵をつくってもらって、汲上げ式の水でうごくようにし、その臼のきわに釜をきずいて、村じゅうの藪から竹の皮を拾ってきては、集めて煮たのである。大鍋はステンレス製友禅染めのドラム缶を用い、これに重曹を少々入れて煮ると、竹の筒も、拾った古竹皮も五日も焚けばやわらかくなった。私はその竹餅とよぶ繊維のかたまりをたどんのようにして貯え、紙を漉いた。私は一升瓶に水を入れて、その重みとブロック一箇とが、天秤棒でかつぐと、ちょうど中央でバランスがとれるのを調べ、生木の若松が六本、程よく山の空地を囲んでいる場所に、ブロック壁の六角堂をつくった。生きた赤松のあいだにブロックを積みあげ、赤松を天然の柱にしてしまうのであった。Yにつれられて一度ならず小諸の呑み屋へゆくと、タイやフィリピンの娘さんがいて、中学時代の英語で話もでき、彼女たちが紙を漉きたいというのでYがつれてきた。この子たちの中にはパスポートの期限が切れている者がいた。燕に入国許可証が不要なのは千年の歴史だが、日本の行政では期限が切れて再発行してもらっていない子女を不法入国者と見なしていた。そのため、家によんで休ませるにも地上に家があっては法にふれた。家に入れて働かせたという慣習が発生する恐れがあるからで、私はゆくゆくは不法入国者も混じっている異国の娘さんたちの休想場を提供したことになると忠告する人もいた。それで、その異国の娘さんらを気楽に休ませるためには、生きた木に渡り鳥が巣をつくっ

たような、家でない家をつくらねばならなかった。ブロックが三メートルぐらい積みあがってから、人見大道具さんが屋根をふいてくれて、巣といえるものができた。その屋根も、生松を切ったのを針金や藤を主体に結えて（しのの くくり細工と信州ではいうのだが）、放射線状に、つまり番傘をひろげたように赤松のあいだに板をくくりつけたのである。釘一本使わず、木の生長と共に高みへあがってゆく式の鳥の巣をもくろんだのだ。事実、その六本の松のうちの一本の梢には鴉がきて巣をつくって子を生んでいた。工事中に上から枯れ草だの小枝だの針金だののをこぼした。近ごろの鴉は巣を編むのに針金や電線を集め、器用に編んでいた。鴉をまねて六角堂を建てた。むろん、タイからきている小諸のお嬢さんたちにもきてもらって紙を漉いた。杵つき場から池に水が落ち、この流れが清流となり、屋敷を迂回して下段台地の藪よこの惣菜畑へ、真夏の干天時でも水がそそいでゆく天然の排水路を見てもらった。異国の娘たちの眼が輝いた。川の岸には、ゆきのしただの、はこべだの、クレソンだのが雑生し、蕗までが密生した。川のはばを無くしてしまうほど繁茂した蕗は娘たちをよろこばせた。私は着々と老後の余生を楽しむべく、そのような山荘生活地盤を、もくろんでいったのである。

五章

日がたつほどに北御牧村の変貌は来客をたのしませた。そして、客の中には、ここをこうしたらいいだろうなどと日がなレンガや鍬をもって、道づくりをしてくれる者もいた。タイやフィリピンからきて小諸でホステスをしている娘さんらも手つだった。この異国の娘らを赤松の六角堂の巣に泊らせて紙を漉く話は小説『花畑』にくわしく書いたので省く。タイの娘らは畑の畝《うね》もつくってくれた。私は、この当時、竹の皮の餅で木枠に漉きあげる中国で見た方法で、A判やB判の竹紙を一日五十枚ほど漉いていた。それに、竹の枝をたたいて筆もつくり、槌で草をたたいて生汁を絞り、その汁で竹の紙を染めたりしてあそんでいたが、ある日から「達磨の縄跳び」という絵を描いた。私は寺にいた小僧時分から、南方セイロンの王子だったとつたえられる達磨さんが寒い中国にきて座禅ばかりしていた話をきいて気の毒に思うくせがあった。それでそんな絵を描いたのだった。絵のわきに「ありのままに生きるなら、無理な座禅はやめて月の出た夜は縄跳びなされ」などと書いてあそんだのである。雪の中でしかめ面して座っている達磨さんの額のたてじわを少しでもよこじわに変えてあげたかった。これは子供時代からの夢だった。その時分にもどってそんな絵を書いたのだが、禅文化研究所が請負った京都の禅宗本山の檀家へ配るカレンダーになった。妙心寺の老師さんが買い上げてくださって、思わぬ画料が入った。これで気をよくし、そのような思いつきの絵を何枚か描いて人に送って楽しむことにした。心臓三分の二壊死した男には筆圧のたまる万年筆仕事はすぐ息切れがするので、小説を書くよりは楽しかったのである。またこの絵では、達磨大師があのしかめ面をくずして、少年のように縄跳びするのであった。この絵を送ってさしあげると人々によろこばれた。こんな生活が五年ぐらいつづいた。勘六山も業者に掘らせると自然水が出て、杵もサマになってきた。自然水なので、杵に水苔が生えた。母家に玄関がふえ、私の書斎兼アトリエもふえた。外の六角堂は、三和土《たたき》なので土仕事に向いた。蹴ロクロを買って、中央にストーブとそのロクロをコンクリートで固定した。けっこうな土のひねり場が出来た。はじめ紙も漉けた。人は私のつくる赤粘土を釉薬《うわぐすり》に用いた壺に興味をもってくれた。はじめ私は骨壺をつくっていたつもりだったが、人々は生きているうちは梅干しや氷を入れるのに都合がよいといってくれた。梅干しには亀のつまみをつけたフタつきのをつくって、ある人が私の代りに特許庁に申請したら、その亀のフタつき骨壺に専売許可が下りた。つまり、亀がつまみになっているフタの織部釉薬に漬けたきりの北御牧の

鉄分の多い陶壺に特許庁が骨壺としての専売の認可をあたえたのである。私はその日から骨壺業者になった。むろん、私はそのようなものを量産して売る才覚などなかったから、証書を額に入れて、一年に二どほど人に頼まれて展覧会をするのが精一杯の生産力しかなかった。

畑は、杵つきばったんの捨て水のたまる池から、古水が流れをつくる斜面の果てにある。畝《うね》の間へ水が入るように鍬で水路をつけておくうちにそこが川になった。そして水は低きに流れているうちに藪を迂回して山をとりまく行政の下水道に吸いとられた。そういう仕みに出来たのだった。杵のはじまりは水道を使っていた狐おどしだったのが、二メートルほど上《かみ》の地に見当をつけて掘ったところ、五十メートルほど掘りすすむうちに、冬は十度の温水が出た。これを電気でモーターをまわし、汲みあげ式にして強弱のかげんで出てくる水を、杵の舟にためると、強弱の水量の三段階の速度を守って杵がうごくようになった。したがって流れ川も恒久的な風景となり、クレソンもふえ、わさびまで繁殖するに至った。人は、いぬたでなどとよぶが、タデはタデでも、全然にがくもない、いぬたでの茎も繁茂した。これを下から切ってそろえ、油炒めや、和えものにして喰うのであった。土地の山菜好きの大工のYから教えられたのである。私に京ふうの調理工夫が働くから信州の山菜も味が荒くなくてこまかくなった。器によっては、ちょっとした見た目もいけるいけるいけるの精進料理になるのであった。レパートリーは四季自ずから、近くの山でとれるもので百をこえたろう。畑の旬《しゅん》の野菜をつけ足すと、あきない種類となり、今日はあれ、明日はこれと犬をつれて収穫してくる。酢につけたり和えものにしたりして、たのしむのである。紹興の村里に住んだ陸游翁は、このように欲ふかく山菜も野菜も収穫してなかったかもしれぬと思う。私は日がな竹紙漉きの工房と、山と畑を往還した。水で一体化してゆく山の斜面での紙漉きと畑つくりが結ばれる景色は日に日に改善されてゆき、道具がそろってくるのは楽しい眺めであった。

竹を煮るには山の落葉を熊手でかいて段ボールに入れてはこんだ。これを焚けば灰になる。灰は釉薬になり、畑では肥料となる。毎年落葉のくさったのと、肥料（鶏糞）少々を混ぜ、畝にねかせておくと、五月に苗を買ってきて植える時に都合がよかった。馬鈴薯など、よその畑よりも茎も太く育ち、トマトなど計算したことはないけれど一本に百はなった。茄子、胡瓜、ピーマンも同じように出来た。上の池の竹の皮を煮たあとの、残水がアルカリ分を含むので、ひと畝に十本も植えておけば、東京の客がよろこび、手籠に収穫して、持ち帰ってくれた。ことし、さしあげたものの王者は野沢菜、じゃがいも、トマト、茄子、胡瓜、ピーマン、ズッキーニなど。おもちゃかぼちゃの類までかぞえたらきりがない。

不思議な生活がはじまっていた。しかし、それはひそかに病院で考えた、夢みていた、私にあと何年か知らぬがめぐまれた余生の送り方でもあった。

六章

わたしは軽井沢にいる時、惣菜畑に出来た夏野菜を中心に、あとはスーパーで手に入るものを買って寺でおぼえた精進料理をつくっていた。この料理したものを写真に撮ってもらって『土を喰う日々』という題の本にした。最初この原稿は、婦人誌にのせたのだったが、婦人雑誌はわるい慣習をもっていて、正月号は前年の秋末につくらねばならなかった。したがって正月料理の材料は十一月のスーパーで買うのだった。こっけいなことである。印刷の事情もあって、編集者は三カ月早くに畑と相談もせずに旬《しゅん》を予測して特集号を組んでいた。そのため五月の筍は五月にたべるのが旬だけれど、三月にスーパーで買って間にあわせたのであった。したがって嘘になる。これが気に入らなかった。

そこで、私は編集部と交渉して、ある年の春から二年間、畑つくりと収穫のみにその年を送り、もちろん調理もし、写真にも撮ってもらって、これらが一年分たまってから、二年目にダメ出しをやった上で、雑誌発表の文章をかいた。これが小僧時代に兄弟子に習った道元禅師の『典座教訓』に因《よ》ったものなのである。時には禅師に登場していただいて、文章をひきしめる役をしてもらった。むろん、これには『典座教訓』だけに限らず、私の小僧時代の悲喜こもごもといえる思い出、隠侍生活の思い出もあり、かつ、調理法もおぼつかないままに思いだし、和尚さまたちに教えてもらった日々の、わが手がおぼえている事々を、披露してみたのである。ところが、この本が、文芸時評や、あるいは家事批評欄で絶賛に近い評価をあびた。年数をかけてやるものである。その歳月の確かさをほめられたのである。胡瓜などつるになるものには年々の都合があるもので、年によってはつるや葉は育っても実のないこともあった。生きものであるだけに、それぞれの個性があった。それだから、年々に栽培工夫が要った。そこのところまで書き及んだ本はめずらしいという評判だった。瀬戸内寂聴さんなどは、京都の寂庵開きと前後した頃だったので、お台所の女性に、私のこの本を教科書として、日々精進料理を一品ずつつくらせたという。とりわけて、くわいを遠い炭火で焼いたあと、もり塩でたべるのが好きになったと文章にも書いて下さっていた。すると、こちらもいい気分になってきて、その年の十二月まで料理のない月には、梅干しづくりまでした小僧ぐらしを読者に披露するという具合になってしまった。だがそういう本にしても本人だけにわかる不満はあった。素人料理なのだから、人に自慢のできる味つけになっていたかどうか。評判になればなるほど、不満はあるものだ。私は知らなかったのだが、ある人から教えられて知るのだけれど、漫画の本でたべものの伝授書があるそうだ。『美味しんぼ』とかいい、雑誌の主人公にある人が、日本の数多い料理書で群をぬいておもしろいのはこの一書だと、私の『土を喰う日々』を激賞に近い言葉で紹介するくだりがあるそうで、版元で絶版になっていた本が急に増刷されるというようなことが起きた。去年のことだった。

もっとも、この『土を喰う日々』はS文庫版にもなっていて、版を重ねていたけれど、小僧時代の苦労話にも取り柄があるのだろう。これは、私のケガの功名というべきで、しつこくいうようだが、小さい頃、偶然に老師の隠侍をつとめ、客の顔を見てから畑へ走って惣菜をつくった簡素な料理法に、生ぐさの材料がないことのおもしろさも手伝っているのだろう。

私も退院後一九九三年から、あの三ど三どのぜいたくな病院食に対抗し、心臓の負担を助けるべく、なるべく痩身となり、食事も精進一辺倒で、心臓の壊死した部分を活性化させてゆく方法が摑めないものかと必死になった。

つまり、人間生活に運動と食事が影響するのなら、北御牧での新生活は斜面を上り下りせねばならないので、暮し自体が坂を登り降りすることであったし、六角堂へ時にやってくる異国の娘たちと中学時代におぼえた英語をつかって会話し（ボケ防ぎの頭の体操）、畑仕事もし、竹紙もいっしょに漉いて、草の煮汁で「達磨縄跳び図」を描いて年に一、二ど展覧会をやって楽しむ生活がつづけられた。

七章

たとえば、標高七百メートルしかない北御牧村は、標高千メートル以上はある軽井沢の畑の産物とは殆んどちがっていた。

これは、専門家でもあり、わが村とほぼ同位置といっていい千曲川をはさんだ台地の東部町にお住まいの玉村豊男さんの説であるが（玉村さんは五千坪の山林を畑に変えて高原野菜を出荷される）。玉村さんの時々出版される書物で教えられるのだけれど、西洋野菜がこのあたりの高原にふさわしい成果をあげ、たとえばピーマンやズッキーニなどの大きさといったらないのである。玉村さんの畑でとれるものは殆んど私の収穫するものの数倍はある結実で、これが精進の焼きものにあうのだった。大きなピーマンも皮をむいて、ガスのとろ火で焼くと、焦げめもおいしいほどのよい味。おろし生姜をつけると、西洋野菜も精進世界へ進出してくる個性で、私も、たぶん禅寺の和尚たちも知らなかった新種が生まれているのであった。ハーブなどのほかに名も忘れたが畑で栽培される幾種もの香草の使い方も玉村さんの本で勉強させてもらったが、このような玉村家の台所の手法（時々招待されて調理の法を盗みにゆくのであるが）は禅宗料理の限界点を突くところがあった。むろん、達磨さんの時代にはなかった化物ばかり、かぼちゃやピーマンやズッキーニなど新野菜である。雲水道場などでは五百人もの学生が朝夕喰っていたとつたえられるから、いまから思えば学校給食のようなことだろう。六祖慧能は文盲ゆえに米つきにまわされ、小柄な軀で自分の力だけでは五百人もの雲水のたべる米の量は一日で搗《つ》き終えなかったので、腰に石をくくりつけての労働だったといわれる。西洋野菜の大型結実が畑に恵まれておれば、難なく雲水たちのカロリーも保持できたのではあるまいか。このことは南宋の憂国詩人陸游翁の隠退生活の畑事情にもいえるだろう。私はいい時代に余生をもらったことになろうか。タイの女性たちが臍の露出するデザインのセパレーツを着て、紙漉きにきてくれるのは眺めていても楽しくもあったし、いっしょにたべる六角堂でのスパゲティにかけたトマトソースの何ともいえぬ香草の粉も風の匂いさえするような味わいだった。

七十三になっていたけれど、知らぬまに私は七十坂の降り道をすぎていた気がするのである。

私は、三月に土台工事を終って、建築をはじめた臼田の大工兄弟の仕事を監視する一方で、畑つくりや紙漉き場の作成につとめ、四月はじめに上棟式をすませて屋根がふけたとき、すぐ二階の部屋の一つに床板を張ってもらって、そこへベッドをもちこんで寝起きしながら、畑をつくり、野菜の種子蒔きや苗植えに夢中になった。夏野菜は早く蒔いておかぬと山畑では成育が遅かったためである。幸い、大工の弟さんのYが山菜好きで、毎日の弁当も白い飯をもってくるだけで、時間がくると山へ入って、たらの芽や天然のクレソンや山芹をとってきて、マヨネーズや塩をふりかけて惣菜にしていた。浅間山の中腹でとれる「行者《ぎょうじゃ》にんにく」とよぶものもはじめて見た。にらか細ねぎのような空洞の細い茎の白いところをちょうど生しょうがのようにして、味噌をつけるか、塩をふりかけてたべていた。見ていて、おいしそうだった。畑でつくる野菜より、赤松の三百本ぐらいも自然に生えた山の雑木林へゆけば、山菜はいっぱいとれるのだとYはいっていた。このYが、のちに私の山菜料理の師匠となるのだけれど、その土地に住んでみなければ、その地の里山のうむ山菜に旬がきていることにさえ気づかずにすごしてしまう日々である。このことを教わった。山菜たちは、誰に姿を見せたいでもなく、ひっそりと、窪地や湿地の蔭で、花をむすんで黙って実をみのらせて生きているものだからである。さがし出して、料理して甘酢につけたり、白味噌に和えさえしてやれば、とてもおいしいものなのである。一般人は知らずにこの惣菜を見すごすだけのことで、旬がくるたびに、Yはそのありかを思い出し、一ど採取した場所は忘れずにゆくといっていた。けなげな話だが、その山菜はYを待っていてくれるそうである。　行者にんにく、うど、いぬたで、はこべ、車前草、ゆきのした。みな畑ではとれない珍品ばかり。たらの芽にいたっては、針のある枝先に、うす茶とうすみどりの新芽を見せてYを待っているそうである。だらりと重たげに咲くニセアカシアの白い小玉の集合体のような花は、てんぷらにするとおいしいかぎりだと教えてくれたのは、ちょうどその木の下へ球を放りこんでさがしていたゴルフ場のキャディさんだった。

建築中のかんな屑の中に起居し、小諸駅前のホテルと往還しながら、大工にけむたがられてすごした一九九三年から九五年くらいの約三年間は、山菜好きの大工との交流と畑つくりだった。朝鮮人蔘の栽培棟のあった藪の上の台地から、桑がのびていた。この土地も陽当りのよい南面だったので畑に変え、リンゴとプルーンの採取可能な太さのを五本植えて、その木と木のあいだの斜面を手押し電動耕運機で畝をつくった。大根や野沢菜を蒔いて収穫した。リンゴのはずれたところの長い畝に、胡瓜、トマト、ピーマンなど夏野菜も植えた。途中の道ばたに香料の西洋草花の種子をばらまいた。収穫も旬がこぬとわからぬ雑草も仲間の乱雑な乱れ蒔きだった。かぼちゃもすいかもそのようにして蒔いた。どっちも収穫期がこぬとわからない。草の中に期待もしない大きさなのが、秋ぐちに顔を見せてびっくりすることがあった。こんな日は一日じゅうが楽しくなるのである。

ざっと以上のような、山菜勉強と、畑での野菜つくりと、タイ娘たちの好む地梨子や山ぶどうの実でジャムをつくったり、お茶の時間のあてをつくって楽しむようになり、この勘六山の全体が自分の持ち山のような気分になるのもおもしろかった。村長のO氏から買った敷地は約千三百坪ほどだったけれど、境界がないからそう思えるのである。松の木などは自分で植えたものでないことは確かで、自分の敷地に生えていても人の物かも知れない。人の物でも風が吹くと、枯枝は六角堂の鳥の巣の家の屋根へ落ちる。自分の屋敷に落ちれば自分の焚き物である。良寛さまもうたった。「焚くほどは風のもてくる落葉かな」。

八章

七十七になって、頭髪が黒々してきた。これは朝風呂に入る時に鏡を見ての感想だったけれど（畳一枚ほどの大きさのが脱衣場の壁に貼ってある）、等身大でみる自分の軀が変ってきた。病院時代に比べて三食の御馳走も喰っていないのに。病院では便秘止めや、利尿剤をしょっちゅう呑んでいたため、それらの食事が体内の五臓を通過するだけであったかげんか、臍の下腹などは形容は差別的にきこえようけれど、妊産婦が出産直後にみせるあのたてじわがよっていたのである。山に住んでから、しわの模様が少しずつ変ってきた。しわはいくらか本数が少なくなり、ところどころ女性が帯をきつくしめた痕のようなタテじわはあるものの、全体に張りが出てきたように思えた。それは、山畑の登り降りや、時には鍬をもったり、鎌をもったりして、背をまげ、地面や畑の草を這うようにして刈る作業などのせいかと思う。ごく自然に筋肉がふえているような気もする。

病院にいた時、ある編集記者のきていた時刻が、部長回診のものものしい週一どの検診時間であった。その時に編集記者はめぐりあわし、部長が仕草ばかりの聴診器を看護婦長のあけてくれる私の胸の心臓のあたりへおくのを見ていて、私が編集記者の耳すますのを意識しつつ、

「先生、七十七になれば筋肉はふえぬものですか」

ときいたところ、

「そりゃ、無理ですね」

とベッドに寝たままの私を、つまり私の患っている心臓を病院にあずけたつもりでいる私を軽くあなどるようにふりかえった随行の若い医師が、あははと笑っていったのをおぼえている。本当にその若い医師のいうとおりで、無理なものなら下腹のたてじわの筋肉化は望み得ないだろう。けれど、心臓三分の一になってから、むくみがへり、利尿剤を呑んでも寒い日や雨の日など拇指で押せば、膝下の蟻踏まずの骨の上あたりに盃のうら底ぐらいのひっこみ穴がついたものであるが、それがなくなった。つまり、骨ばってはいるけれど、痩せたままに、ひょろひょろ歩きの畑の登り降りが杖なしでもゆけ、わずかの筋肉と骨で、自分がつまり、少年のような軽量の体軀で生きている気がしてくるのである。あらゆる動作に身の軽さを意識する日々を、全国六十万とつたえられる心筋梗塞後遺症の方々に、ささやきたいような気分になってくる。すなわち病院にいることも必要な時はあろうけれど、手術や検査をすませたら、

なるべく早くに病院を出ることだろう。自分の患いは自分のもちもののゆえに、食事まで病院にあずけていては幾種類もの薬剤を呑まねばならない。私のようにトゲトゲが出て肩凝《かたこり》まで感じられる薬の副作用に苦しむ日もおありだろう。主治医によくはなせば薬を代えてくれようけれど、とにかく依頼してみることだ（私の場合は代えてもらった）。さすれば、トゲトゲもとまったのである。病院ぐらしから、なるべく自然と共生できる生活をたくらまれることをすすめたい。心臓を患うことは、子供にもどることである。三分の二が壊死すれば、壊死したままのカサブタのような心臓を抱いての余生なので、こんなことをいうのである。

私は、いま、手許に『天工開物』という本をもっている。中国明代の本である。中国における百科全書のような本である。宋応星という人が書いた。中国の産業技術書ともとれる本だが、われわれの生活に必要な物の歴史、百般にわたって書かれている。明の崇禎《すうてい》十年に刊行されたそうである。一六三七年のことで、今からざっと四百年近く以前の本だろう。じつは、私の竹紙は、この本に書かれていることを忠実に守っているのである。何といっても中国は、わが国の産業文明の親である。竹そのものも、日本にはなかった時代がある。南方の産物だということだが、日本には、薩摩人や沖縄人が最初に伝えたらしい。江戸時代に佐藤中陵の書いた本によると、竹紙は、沖縄人が閩《びん》の国（福建省）にわたって命がけで技術をおぼえてきて（技術を盗むと国境で

殺された）、日本に帰って薩摩の唐人屋敷で漉いてみせたのがはじまりだそうである。『天工開物』という本に挿画入りで、竹紙のつくり方が書かれている。きっと、沖縄の人も、この方法でやったのかもしれない。

この書も、先ほどのべた佐藤中陵の本も病院で読んだ本の中にあった。佐藤中陵のは吉川弘文館の日本随筆全集三期の第三巻にある。ところで『天工開物』でも、竹紙をつくるには、先ず、山へ入って竹を切ることからはじめよと書いてある。筍を喰わずに放っておくとひと月くらいで親竹の背丈になる。七月はじめ新しい枝が出はじめた頃を見はからって切るのである。五尺か七尺の長さに切って、池を掘って雨水をため、漬けておけと書いてある。百日以上漬けてから、手を加えるのである。槌で打ってよく洗い、粗い皮と、青皮とに分けて洗い去れ。これを「殺青」という。それから、このからむしのようになった竹の繊維を簀《す》の子のある鍋に入れて煮よ。八昼夜煮よと書いてある。たっぷり八日も焚いて、鍋から竹餅をとりだし、池でよく洗うのだ。さらに灰汁につけ、再び大鍋に入れて煮る。またとり出して池に漬ける。このようにくりかえして、竹を早くくさらせるのである。そしてよく水にさらしてから、臼に入れて杵で搗く。搗いてどろどろの状態になったら、槽に入れて漉きあげる。たいがい簀を使って漉く。ところが、私の場合は簀がないので、木枠に鋼鉄の網を張ったふるい状のもので漉く。そして、木枠のまま干すのである。

簀で漉く場合は、日本の和紙の里に多い手仕事の如く、桂の板に一枚一枚貼って干すのである。木枠の場合は竹のへらでかわいたのをはがせばいいのだが、これは桂の板の場合も同じである。

中国では昔から竹の紙はどこの地方でも尊ばれていた。日本の私たちが小学校で藁《わら》半紙《ばんし》に親しんだように、中国では竹の紙に親しんだといわれている。『造紙の歴史』という本に、中国じゅうの地方都市に竹紙を漉く業者がいたと書かれ、著者はその城市の紙漉き場跡を廻っている。古い経本なども竹紙で板行されたそうである。

私は、『天工開物』の著者と詳細な挿画に案内されて日本の信州北御牧村で、ハチクを紙にしているのである。さて、このようなことを縷々のべてみたのも、気付いておられる方もおありだろうが、竹は中国でも南方の産物で、日本で見るように北の寒冷地では育たない。北海道には笹はあるけれど、孟宗竹はないのである。私がはじめて竹の紙を漉いたのも軽井沢であったが、海抜千メートル以上の寒冷地だったゆえ、竹は無かった。隣県の松井田で買ってきて植えてみたが育たず笹に化けた。笹ならいくらでもあったが、軽井沢では太い竹はなかった。

ということは、竹は、温暖な国でないと育たないので、寒い土地には竹紙も少なかったのだろう。中国でも江南、浙江に竹紙産地が多かった。

北御牧村にきて、ようやく、自分のハチクの藪がもてた時、私が紙漉きをはじめたのはほかでもない。竹の皮が捨てられ、かえりみる人も少なかったせいである。私が何どか中国へ行ったのも竹の紙を漉くところが見たかったからだった。ところが『天工開物』にも書いてあるように、手間もかかり燃料もかさむ竹の紙は清末に亡びていた。明治半ば頃の台湾に台湾製紙とよぶ日系の企業があった。その台湾製紙も明治時代に、竹の紙を漉いたと『竹と日本人』の著者上田弘一郎氏が書かれている。竹の紙を漉いたと、コストが高くつく理由で亡びた。そして、明治から日本の紙は北海道に移り、エゾマツ、トドマツなどパルプを原料とするようになった。苫小牧製紙や王子製紙の歴史をふり返ればそのことがわかる。竹はつまり南方でいまもひそかに漉かれているだけで、燃料の要る北国にはない。台湾でも、ひそかに漉く人がいるようだ。そういう人は、燃料や手間のかかることなど度外視して、昔の竹紙を慕っているように思う。私もその一人である。

私はここで竹の紙を漉きながら、考えていることを一気に書いてみようと思う。それはとつぜんの話なので短絡めくのを警戒しているのだが、中国に禅宗を伝えたといわれる達磨大師は南方の人だったということだ。柳田聖山氏や入谷義高先生の本によると、達磨さんは梁の国の首都だったいまの南京に現れたが、その足跡はよくわからなくて、セイロンの王子の身でありながら仏法をひろめようとして、中国にきた。けれど、梁の武帝と意見が合わなくて、魏へ移って仏法を説いたということである。中国へ入るのにどの道を歩いてこられたか、経路も、南の雲南省の大理市あたりから入ったといわれているけれど信用できないそうだ。雲南省は昆明が首都だ。少数民族の多い国である。石林や大理は、ミャンマー国境に近い。私も行ってみたが、赤つちの地に竹の多いことにあきれた。つまり雲南省は竹の国であった。達磨さんも竹林をくぐって中国に現れたかもしれぬという気がした。インドでは風がつよく吹く日は女も子供も吹きとばされるので、大樹の下へくれば風を除けられるために、農民も修行者のように座っていた。かんかん照りの日も同じで、草を喰いつくした牛が、樹の下枝の葉まで喰うから、蔭が少ないために、葉の残った大樹をえらんで牛も人も集まり、座禅を組む農民もいた。朝から晩まで竹林精舎の蔭地に座って動かない老人をよく見かけたが、人は蔭を好み、「直指人心、見性成仏」の境地に到らなくても、北へくるほどに、竹が雪を荷《にな》ってしなやかになり、笹に変ったように、禅宗の思想も、南の方では大らかで、明るくて、ごく自然だった生活座禅も、北へくるほどに、厳しい清規を重んじねばならぬようになり、しめった作法生活に変ったのではなかろうか。竹も化けたように禅も化けたか。このあたりの消息をわかりやすく説かれた本は少ないように思われだしたのである。五祖弘忍の道場で、南の広州に近い竹の多い新興県からきた慧能が文盲の身で、六祖となる話は有名だ。同じ師匠から印可をもらって北宗禅をひらいた神秀上座がいらっしゃるけれど、北へ行ったこの人のことについてくわしく書かれた本は少ない。南の六祖慧能がわが国につたわる禅宗の源流でもあるので、北宗禅よりも、南宗禅のその後と、法系を述べる禅宗史が多いように思われるのである。竹の紙を漉いていて、その紙の凹凸を利用して「達磨縄跳び図」を描いてきたなどと先に書いたけれど、じつはこのような浅はかな考えがうかんでいたからである。「達磨はなぜ東へ行ったのか」などという題の映画も見たけれど、ちんぷんかんぷんわからなかった。「達磨はなぜ座ってばかりいたか」という問いもおろかだろう。面壁九年とつたえられるから、そういってみたのだが、寒い冬に板の間で座禅を組んでいては痔になる、という話も兄弟子からきいたことがある。達磨は洞穴生活だった。雪舟の絵「慧可断臂図」の通りだろう。けれど、なぜ痔なのだろう。「やまいだれ」に寺と書いて肛門病の病名となっている、といった兄弟子も、私の主治医も博士だったのに、理由はわからないといっていた。私は子供の頃から、達磨さんが座りづめなのは不自然で仕方がなかった。たまには縄跳びでもなさった方がいいと考えたのを笑う人がいても、私はこの考えを曲げないだろう。ありのままに生きよ、とこの人は教えたからである。なぜ南方の竹が、北へくると笹に化けるのか『天工開物』の著者も触れていなかった。たぶん雪のせいなのだろう。しかし、佐藤中陵だけは『中陵漫録』の中で、江戸時代に白石藩下で、竹の紙を漉いてみたと書いている。松島の瑞巌寺に、座禅を組む禅僧がいるのに似ているかもしれない。白石に竹藪が多かったか調べてもいないが、寒いところで座禅は辛くて向かないように、紙屋さんに問うてみると、白石和紙の産地では竹を材料にする仕事は亡びたそうだ。

以上のようなことを考えつつ私は、日を過しているのである。その日漉きあげた竹の紙に「達磨縄跳び図」を描いて三ど三どの病院食に対抗し、心臓に負担をかけない生き方と、精進料理を勉強してみたのが本書である。

論を立てそこなったようにも思えるけれど、もともと論の立たないところに立ててみようとしたのであるから立たなくても仕方がない。百撰にうつる。

本篇

蔬食三昧

一、胡桃《くるみ》豆腐

むき胡桃を三十個ほどゆでて、しぶ皮をむいたあと、擂《す》り鉢ですってよくのばした。そこへ酒を小盃一杯ほど入れ、少し醤油を加えて、手でまぜあわせ、豆腐一丁を水切りしてよくまぜたのである。器に入れて、弱火で七、八分蒸した。たべる時は、わさびと醤油を添えたが、よく溶きまぜるのが肝要だ。これも、○和尚ではないが、上等の客がきたときには出す、私のとっておきのひと鉢である。

二、利休豆腐

白胡麻《ごま》一合ぐらいをよく煎ってから擂り鉢ですり、酒を一勺の十分の一ほど入れて、またよくすりこみ、水切りした豆腐一丁をくずして、手でよくまぜる。ラップにくるんで棒状にしてから、蒸し器で蒸す。もちろん弱火である。輪切りにしてもりつけ、たべる時は、醬油をかけ、おろしわさびがあれば上々。

蒸し器に入れるときに、箱か、鉢に入れて型を楽しむ。客の好みを判じて型を考える。馳走のきわみ。

三、霰《あられ》豆腐

豆腐の水をよく切って、サイコロ状に切り、ザルに入れて、四、五ど振って角をとってから、胡麻油でさっと揚げるのである。味つけは、客の好みにまかせるのだが、塩少々をふりかければよし。サイコロを少し大きめにしたぐらいを禅寺では「松露《しょうろ》」とよんでいたが、豆腐は、何かと工夫の材料となった証しか。

四、はんぺん豆腐

長芋をすりこんだのと、豆腐の水を切ったのとほぼ同量を混ぜてすりこんだのである。それを団子にし、美濃紙に包んで、湯で煮たのである。熱い葛をあんかけにしてもよし、そのまま塩あじで喰ってもよい。世にいう「白玉豆腐」はこれである。

五、ひりょうず

豆腐の水をよく切って、擂り鉢ですって、葛粉をつなぎに混ぜすった。加薬《かやく》として、ごぼうの細切り、銀杏《ぎんなん》、きくらげ、麻の実など用意しておき、焼き栗か、くわいを入れるとぜいたく申し分がない。

かやくは胡麻油で煎り、麻の実だけはあとで入れる。これらを、豆腐で包み、それを胡麻油で揚げるのである。地粉（うどん粉）をまぶせば味が厚くなる。

京都では豆腐屋へゆくと、ひりょうずを売っている。ひりょうずは、「豆腐巻」ともよぶそうで、田楽にしたり、白酢にわさびの細切りをそえたりして楽しむのもよい。禅寺では、芋や菜、椎茸などといっしょに煮たりした。酒とみりんと、醬油だけの味つけだが、油がきいて、かやくがあるので、椀ものにすると温くてにぎやかだった。

暇をみて、自分でつくってみるのも、たかがひりょうずでも客をよろこばせられるのである。

六、八杯豆腐

なぜに八杯なのか、わからずじまいでつくっているのだが、とにかく、草の八杯とか真の八杯とかいって、よび名も、豆腐料理をにぎやかにしているのである。

これも、葛とにんじんを用意しておき、先ず、豆腐をうどんのように切って、醤油と酒で味つけし、葛をかけて、おろしにんじんを添えたのである。

七、馬鈴薯の煮ころがし

新じゃがいもの穫れるのは七月はじめである。北御牧の百姓さんたちは、盆前までに掘りださないと、まずいという。

五月に種いもをもらって、埋めた四畝のどの畝もが育ちがよく、花が咲いてから も葉はむらがり、茎も元気すぎて太くなった。あまり茎が育ちすぎるといけないと思ったので、花のでるのを摘み、隣りの畝にひろがる茎と葉を防ぐぐらいに摘んだ。このやり方は隣家のお婆さんに教わったのである。七月がきて畝の谷が見えぬほど葉の海だった。おこしてみると、一本一本の根にきぬかつぎほどのが五つ六つ。そのわきに私のげんこつほどのが三つ四つも。少しはなれて結実していた。

茎の太さは拇指ぐらい。根からぬいて、収穫。ザルに入れ、よく洗ってタワシでこすると、うす皮がむけた。その程度にして凹みの土のとれたところをよく見てから、鍋に入れ、醤油、砂糖、酒、昆布だし汁で煮ころがした。

はじめ、だし昆布を鍋の底にしき、じゃがいもがひたひたにつかる程度の水を注いだのである。火にかけてコトコトしてきたら、昆布をひきあげた。砂糖も酒も、醤油も少々。汁気がなくなるまで煮つめた。

これは少年の頃、若狭の母が煮てくれたものと同じである。煮あがった時が喰う時間であった。熱いのを頬張っていると、皮のくずれたところが甘く、芯はその年のいもの味がした、それとかわらない。醤油を入れすぎぬよう、これが肝心。じゃがいもは煮ころがすのが一番。意地も悪かったが、よく惣菜道を教えてくれた典座職の兄弟子の言葉である。

八、薩摩芋《さつま》のきんとん

八月の畝からの掘りたてが水気があってよい。よく洗い、皮は厚くむく。充分水にさらして、アクをぬいておく。これをやや厚め輪切りにしたのを鍋に入れ、ひたひた以上にかぶるぐらいに水をそそぎ、竹串が通るまでゆでる。串が通ったら、半量を裏漉しして、それに、砂糖を加え、甘みがすぎたら塩を少々加えて、味をととのえ、残りのさつま芋をいっしょに和えるのである。

さつま芋は、信州の朝鮮人蔘畑跡のわが菜園でよく育つ。六月末に、苗を買って植えたのが、山の落葉に鶏糞肥をまぜただけの畝を、茎もろとも葉も混んで這いまわり、隣りの畝へからみつくぐらいになっていたのを八月盆前に掘りおこした。これも隣家のお婆さんにきいたとおりを遵守した。「郷に入りては郷に従え」だ。前書に書いた如く、教えはさつま芋のきんとんづくりにもある。じゃがいもそうだ。北御牧にきて、軽井沢時代より豊作にであっているが、この村にきて、古老の言に従ったのは土に従ったと思う。ここでいっておく。村の隣畑においでるG婆さん、心筋梗塞でも先輩。私と同じカテーテル検査を三どやり、狭窄部にリングを入れておられるそうだ。八十五歳だがかくしゃくとされ、いまだに早朝の畑へ出ておられる。自炊して、文字通り自立の一人暮しだときいた。よく温泉診療所であうが、この頃少し肥りめ。午前

中の待合室で、彼女は、主治医にいわせると、数分ほど診察用のベッドに寝ただけで息切れも不整脈もなおるそうだ。注射も点滴もせずに帰っていく。用心ぶかく生きておられるようで、雨の日は畑で見かけない。自分で血圧もはかり、脈もはかって、少し脈がはずみだすと診療所へ出かける。主治医の顔を見るとなおる。健康なのである。それが八十五歳の自立のリズムなのであろう。そのＧ婆さんは、十八でこの村へ嫁にきた時からの百姓仕事なので、よくこの村の土のことは知っておられるのである。

九、じゃがいものサラダ

じゃがいも、胡瓜、にんじんのサラダである。じゃがいもとにんじんは細切りにし、塩少々をふりかけ、強火の蒸し器で二、三分蒸してからザルにあげて冷やしておき、胡瓜は、塩をふって、これも細く切って、三品をならべ、酢味噌を上からかける。

味噌は白味噌を使うのが肝要。溶きがらしがわきにあればよろしい。

これは朝のパン食にもよい。ふつうの生野菜（トマト、胡瓜など）に火の通ったものが添えられていると、もてなした感じが濃くなるものだ。

十、苞苴芋《つと》

生《なま》のじゃがいもをすりおろし、うどん粉を少し加えて蒸しあげて、棒状にする。竹の簾《す》で巻き、しばらく、置いてから、器にもりつけ、だし汁をかけて青ねぎを添えるのである。

竹の簾巻きにしたのが見た目にいい。見た目といえば、生いもをやはり渦巻き状にむくのである。これを巻きもどした状態で、細かく小口切りにする。薄醤油を煮だたせておき、その中へ切ったいもを入れてさっと煮あげ、す早く、結んでみせるのがある。こんなのは同じ精進でも、手のこんだもので、寺でも「結びいも」などとよんでいたが、私の性にはあわない。「友巻」などとよぶのもあるそうだ。大きなのを生のままむいて、さっと塩湯で煮てから、これを裏漉ししてのばし、結びいもと同じく、渦巻きにしたのへ巻きつけて、輪切りにして出す。

この場合、専門家は色をつけたりするようだが、私はそれも好まない。

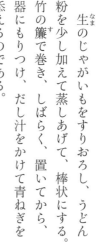

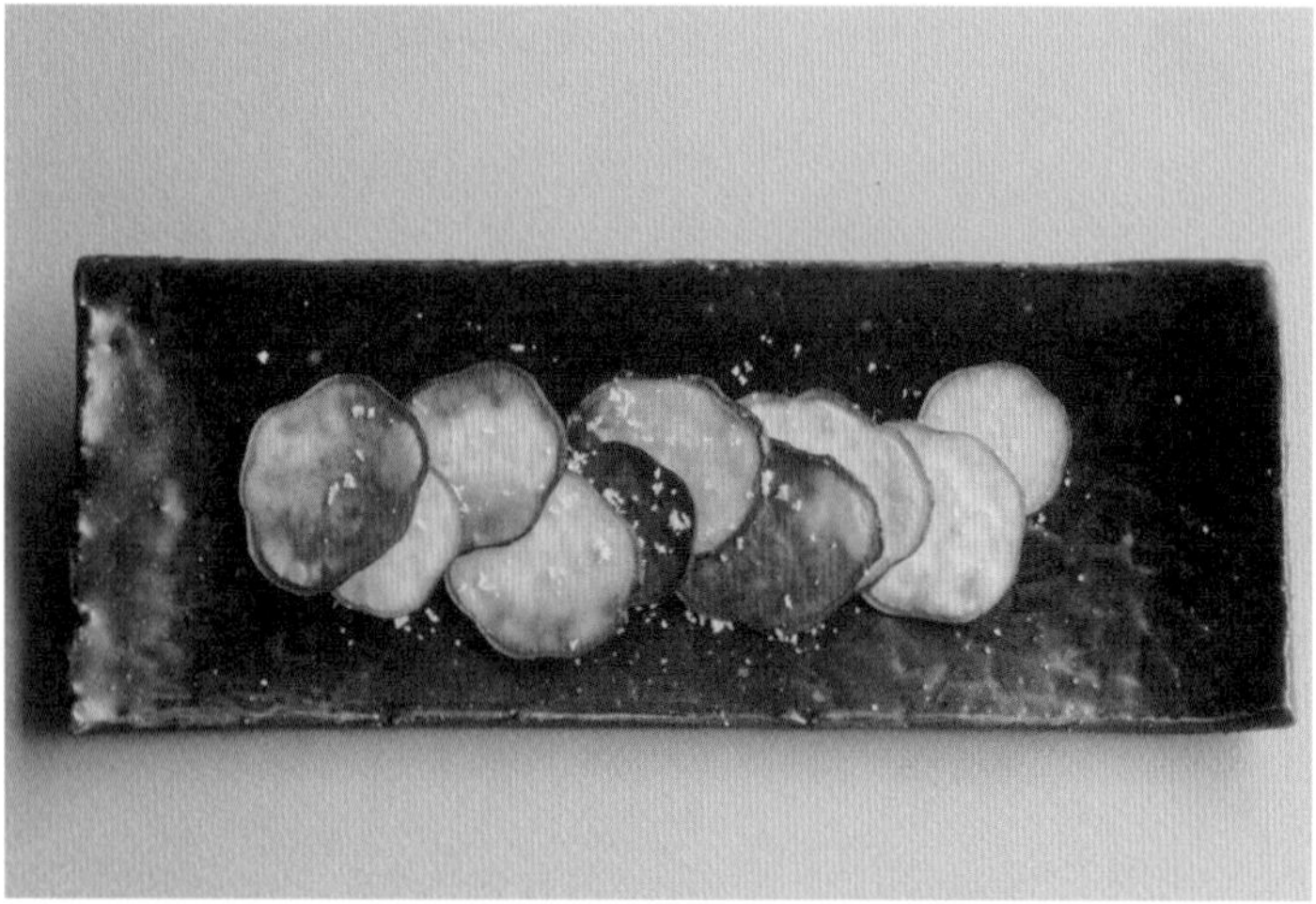

十一、煎餅《せんべい》芋

じゃがいもを三ミリぐらいの厚さに切り、日に干してから、遠火でむらなく焼いたのである。

また、胡麻油で揚げてもいい。熱いうちにあら塩をふりかけるのが肝要。細工のないところがよろしいのである。手あぶらのつかない喰物がいいのは勿論である。

十二、衣《きぬ》かつぎ

里芋をよく洗う。土を落すだけでひげ根はそのままにしておく。蒸し器が沸騰してきたら、芋を入れ、竹串がすっと通るぐらいまで蒸し、これを皿にもりつけて、あら塩を添える。指先でつまんで力をいれると切り口の方から皮はむけて実が出る。それに塩をつけてたべるのである。

禅寺でも衣かつぎといっていたが、私は喰いながら、袈裟衣を包んで片手で胸前に押しいただくようにして献げてはこんだのを思い出すのである。

十三、こんにゃくの衣かつぎ

こんにゃくをゆでてアクぬきしたあと、平べったく切って、うどん粉をかけたのを胡麻油で揚げたのである。平べったい皿にもりつけると、とりあわせもよろしい。

こんにゃくは、上州下仁田の産物で、いまはどうか知らぬが、全国の九〇％近くを生産するときいた。陽当りのよくない山畑に、何年もかけて、こんにゃくを植え、早くて三年たってから、掘りおこして、里芋の親芋ぐらいになったのを切り、よく干して、粉にしたのを型に入れて製造するときいた。いちど下仁田の蒟蒻製造協同組合事務所を訪れて、質問したことがある。なぜ、こんにゃくをたべると、皐丸の砂がおりる、というのか、その理由をたずねに行ったのである。じつは、あらためて調べなおしてみなければならないことだが、武田泰淳氏が当時の某新聞に、「こんにゃく問答」という随筆を書かれていて、先に書いたことの理にについて周囲にきいてもこれといった答えがない。そのご様子を察したこともあって、一日軽井沢へ向う車が下仁田を通ったので、組合へ寄ってきいてみたのである。軽井沢へゆく七曲りの谷の道には、こんにゃく畑が多かったし、丹精された畳一枚分とておろそかにしない畑の経営ぶりに感動もしていた。ところが、応対して下さった四十年輩の事務長さんが「なぜ皐丸の砂をおろすのかわかりません」といわれた。私はうなずいた。おなじ人体でもなぜ睾丸なのか、睾丸のどのあたりに砂がたまるのか知らないけれど、こんにゃくをたべるとその砂がおりてしまう卓効があるときいていた。事務長さんは、こんにゃくについての文献古書の類も見せて下さったが、それらのどの頁にも、睾丸の砂どころか、体内の砂がおりるとは書かれていなかった。

「こんにゃくは栄養がないといわれているようですが、私ども栽培人としては、こんにゃくこそ、東洋を代表する食材であると信じております。ビタミン含有量こそほかの野菜にくらべて少ないようですが、栄養の全くないものなら一千年も前から愛好されるはずはありません。日本では和名抄に出てくるくらいですから、ずいぶん古い食料でしょう。だいいち、体内の不浄をとりのぞき、砂もとってくれるのです。睾丸の砂とりのはなしは知りませんが、とにかく、昔からおでんには欠かすことのできないものですし、田楽もおいしいでしょう。」

　とその人はいった。私はある人からこんにゃくが大好物である大人を教えられた。それは大宅壮一氏だときいた。

十四、里芋の煮ころがし

もっとも無造作にできるようで、じつは工夫を要する惣菜の親玉である。私は昆布だしで、醬油、みりん、砂糖、酒少々で味つけし、時には、油揚げなど添えて煮こんでいるけれど、ころりと煮汁を少な目に味濃く煮ころがすのが肝要。鍋のそばについていなければ焦がしてしまう。工夫もいるのである。精進の王者だろう。以前はどの家庭にもあったが、今日の家庭から失われたものの一つである。電化製品では煮ころがせない。

十五、衣《きぬ》がけ芋

じゃがいもをよく洗って、適当な厚さに切る。うどん粉を水でとき、醬油を少し入れる。これを切ったいもにまぶして、胡麻油で揚げるのである。生姜《しょうが》とか茗荷《みょうが》を同じように揚げて添えるのもおもしろい。

うどん粉は信州では地粉とよんでいるが、この地粉の方が、市販のよりもったりしている。醬油を衣に入れるのが妙味。

十六、大根の田楽

やはり五月に蒔いたのを畝からまびいてきた。肩の青いのがあればうれしい。よく洗い、皮をむいて、輪切りでもよいし、長方四角に切ってもよい。皿にもりつけたけしきを考えると、輪切りより四角い方に手厚さが感じられる。どっちにしても、厚めに切って、味噌汁に入れてやわらかくなったところをザルに上げ、竹の串にさして少し火であぶるのである。味噌は白、中、赤と色わけにぬりつけ、皿にもる。山椒の若葉がのせてあれば嬉しい。

味噌は、砂糖、みりんですりこんでおくのもよい。味噌をぬってから、また火でひとあぶりして、熱いところを客に出す。昔から茶人によろこばれたようだが、私はウイスキーのあてに重宝している。

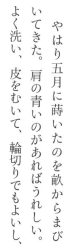

十七、揚げだし大根

これも、てんぷらや田楽と同じように皮をむいて、ちがうところは少し小ぶりに切ることである。胡麻油で揚げてすぐ醬油をかけて、唐辛子または、おろし大根をわきにおいて、胡椒をふりかけて、客に出すのである。唐辛子だとか、胡椒だとかをふりかけると、大根の淡味が、層厚くなる。おろしは、ともに大根なのでおかしいようだけれど、揚げだしなので、まぶすと油っこさがやわらぐのである。

十八、野沢菜のにんにく炒め

五月にまいた畝でよく育ったのをまびいてきて、よく洗って、つけ根を切り落さずによく土を除く。かぶらのような根がついている。これは切り捨て、下ゆでしたのを適度に切っておき、フライパンで胡麻油を熱し、にんにくのみじん切り炒めて香りをだし、野沢菜を入れる時、酒と醬油で味をつけるのである。

野沢菜はさっと下ゆでするのが肝要。これもゆですぎると、しゃきりとした歯ごたえと甘味が逃げる。旬のものには喰い方もあるのである。少しゆですぎると、のちに油でも炒めるので、菜の形がくずれがちだ。くずれないのがよいのである。

信州は野沢菜の産地で、京の水菜に匹敵するように思う。油揚げと煮るのもよいけれど、かるく炒めてからのがいい。菜の甘味が絞りだされるからである。煮ものもおいしいが、どっちかというと煮た分だけ逃げるものがある。ゆえに、醬油、酒だけで味つけて、だし汁などは敬遠した方がいい。焦げついて水を入れる人がいるけれど、焦げつけば、焦げたの

がいいのである。おいしければ焦げたのでも客に失礼にはならない。といって、わざわざ焦がす要もないのであるけれど。

私のやり方は、この野沢菜の炒めにもっともよく出ていて、乱暴にやった方が味もよろしい。

十九、絹さやの胡麻和え

五月に蒔いたえんどう豆がのび、竹棚をつくって三段も這いあがらせた。下の方から実が固くなってゆくので、絹さやとよぶほどのものなら、まだ実がいくらかふくらみきらないのを、皮の表から、実のふくらみが平べったく透けて見えるころに収穫して、さやの背中のスジを除くのである。腹は不要。

白胡麻はよく煎って、擂り鉢で、油が出るまで、よくすり、醬油、みりん、砂糖で、味をととのえておき、絹さやの方は、塩ひとつまみ入れ、さっとゆでる。さましてから、胡麻だれにまぶすのである。さっとゆであげるのがコツ。まだ青い透明な豆の皮から、実が透けて見えるぐらいが肝要である。ゆですぎだと、しゃきっとしなくて、旬を喰ったことにはならない。えんどうのさやのスジをぬくのは、背と腹が(勝手にこうよんでいるのだが)畑で固く稔りすぎると、果も固いし、背と腹のスジも歯にのこるから、ゆでる前に除いておくのである。若い果なら背だけでよい。茎のつけ根から爪で腹の方をちぎり、ちぎりぎわに、背のスジを除く。新鮮だと、かんたんにとれる。よく、剣状になった先からスジをとる人がいる。これは逆である。私は若い果だと茎のつけ根から前記のように除く。剣先にきて、腹の方へまわして同時に腹のスジも除くのである。これは禅寺の庫裡で、和尚や先輩がやっていたのをまねているのである。まねている時間にの昔のことを思いだしているのである。この昔を思うことが肝要。絹さや和えものにも、古暦がまぶれるのである。これを思い、あれを思うのが精進。

二十、黄檗風《おうばくふう》てんぷら大根

大根のてんぷらである。黄檗というのは、福建省省都福州から南へ海岸をわずかに行った先の甫田の山の名で、明代(江戸中期)に日本へきた帰化僧、禅浄双修の一派を開創された宇治万福寺の開山隠元禅師に随いてこられた典座職の

お弟子さんらがやってみせた料理の謂《いい》であろう。いまでは在家でもやるのでめずらしくはないけれど、喰う時には、気をつけぬと大根の水気がころもの中で熱湯化しているので用心しないとヤケドする。揚げたてがうまい。ふうふういって喰ってもらうのがいい。大根おろしなどまぶせばかげんがよい。

むろん、大根は、畑からぬいてきたのを、よく洗い、味噌汁で煮たのをとり出したものである。別に、黒胡麻を煎っておいて、うどん粉にまぜ、酒と水を少々入れて、どろどろにねり合わせ、それを、大根にまぶしたのを、胡麻油で揚げたのである。水からゆであげないで、味噌汁で煮るのがコツだ。大根は工夫しだいである。デリケートに層厚くととのえた方がいい。たかがてんぷらというわけにはいかぬ。精進揚げともちがって、この黄檗風はさすがに味が厚い。

二十一、大根葉のきんぴら

畝からひきぬいてきた大根には、葉がついているのである。スーパーの買い物だと葉が切られているので、葉のある大根は畑を持つ者だけの楽しみだが、この葉っぱだけをよく洗って、塩ひとつまみでさっとゆであげる。ゆであがったのを水気を固くしぼり、フライパンに胡麻油を熱し、しぼった葉を一寸ぐらいに切り、強火で炒めるのである。この場合、酒と醤油だけで味つけし、水またはだし汁、みりんまで不要なことはいうまでもない。からりとあがったところが私の好みである。べとべとのきんぴらは本家のごぼうでもかなわない。鮮度のある大根葉は、水気が多いので、葉の汁が、ゆでた時の水気もふくんでいるから、尚更である。からりと炒めあがったところを盛りつけ、煎った胡麻をふりかけて出すのもいい。心のこもったきんぴらになる。

きんぴらというと、野菜なら何でもできるので惣菜で親しまれているが、これをていねいに工夫してもてなした感じがよい。じつはごぼうが本家どりしたのは、ごぼうの繊維が太いからだと思う。ごぼうは自ずから、きんぴらにふさわしい土の味を舌につたえるのである。ごぼうにならって、大根葉も、そのように炒めねばならないのである。

大根葉は、スーパーへゆくために生産地で切り捨てられる。他にも書いたごとく世間では、大根役者などといったりし

て、一だん低いたべもののようにされているようだが心外である。とりわけて葉にいたっては、現今の家庭においては見ることはできないのである。私はよく大根の絵を描いた時代があった。なるべく葉を豪華に描いて悦に入っていたが、その頃、余白に、「根も葉も花」と自賛したのをおぼえている。葉もきんぴらにしてみたまえ。本家に迫るおいしさだ。おそらく、クスリを呑むほどのビタミン効果があるのではないか。大根は茎の一部で、根は毛みたいなところをいい、葉は花だという人がいる。

二十二、大根とにんじんの酢味噌

大根とにんじんをうす切りにして、塩をふりかけ、しんなりしたら、器によくしぼっておき、白味噌に酢とみりん、溶きがらしを加えて、大根、にんじんをよくまぜ、酢味噌をつくっておいたのをかけて出す。

材料がさっぱりしているので、白味噌酢に砂糖を少々加え、味を厚くしておくのが私の好み。この大根、にんじんのスライスは、短冊に切り、立てかけてもりつけるのが、等持院隠寮でのやり方だった。塩ひとつまみだけでも酒のさかなになったし、キユーピーからマヨネーズが売り出された当時でもあったので、めずらしさもあって使ってみたら、老師にたいそうよろこばれた。もっとも、マヨネーズがあるのでは精進にはならない。

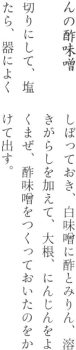

二十三、もろ胡瓜

　最高の精進料理だと思う。畑の土が勝負といえる。その年々で、畝をかえ、苗を買ってきて植えているのだが、甘さも陽照りのかげんでちがうから妙である。もろみにもよるけれど、新鮮な胡瓜を夕テに細切りにしてもりつけ、手でつまんでもろみをつけてたべればいい。信州には、もろみを自慢する味噌屋が多い。私は小諸の山吹味噌を使っている。

　この夏の暮れ、近くの農家から、胡瓜を大袋に一杯頂戴した。こういう場合は、むろん、味噌をつけてたべるのだが。もちろん浅漬けにも入れるのである。

二十四、大根の胡桃味噌かけ

大根を輪切りにして、昆布だしで煮て、竹串で刺してみて、やわらかくなったら、そのままにしておいて、擂り鉢で胡桃味噌をよくすりこんだのに、砂糖、みりん、酒で味をととのえ、さきの大根を皿にもりつけ、上から味噌をかけてみたのである。大根は水っぽいから、少し味噌は味濃くした方がいい。客の好みによって甘くする。

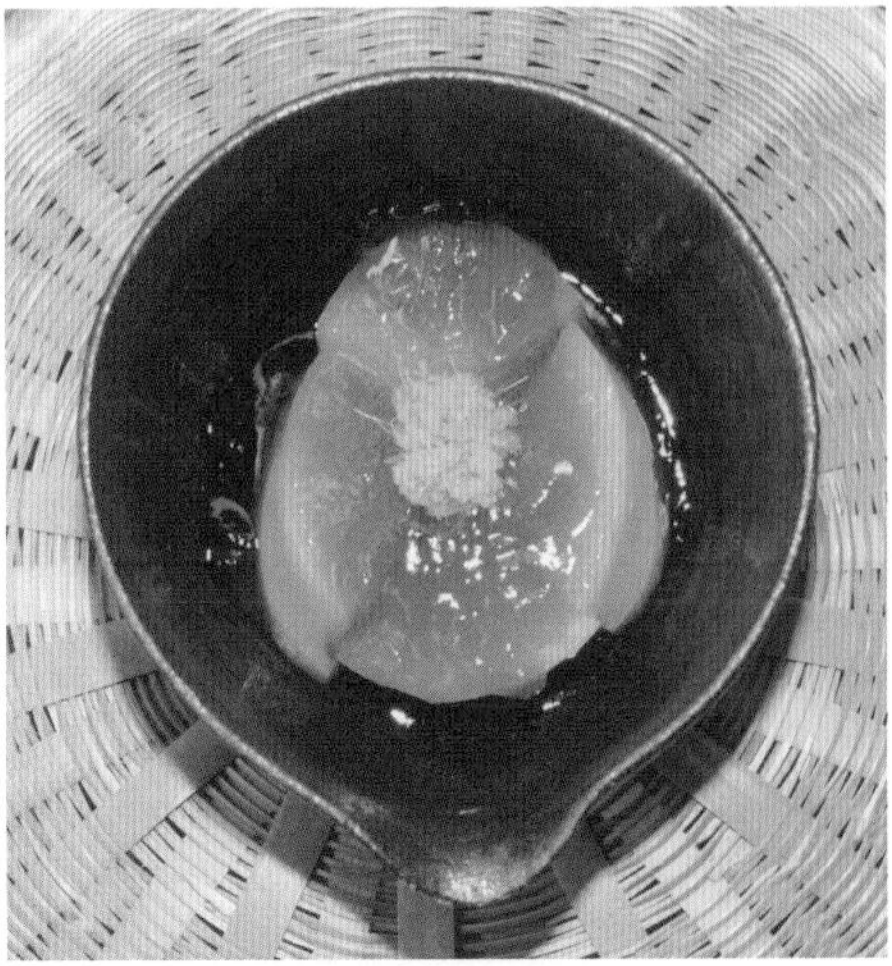

二十五、大根のあんかけに味噌あしらい

大根を畑からぬいてきて、輪切りにする。これを椎茸だし汁か昆布だし汁で煮あげておき、その残り汁に葛粉を入れてあんかけにする。そして、一方の擂り鉢で味噌白、中、赤まぜたのをかなり濃くととのえて大根にかけるのである。大根が水っぽいから、味噌がいくらか濃い味であることを要する。このかげんが肝要。さきに書いたように、たかが大根と思わず、尊重して工夫味つけすること。

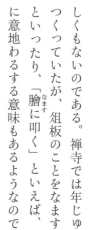

二十六、大根とにんじんのなます

正月の惣菜に欠かせないものでめずらしくもないのである。禅寺では年じゅうつくっていたが、俎板のことをなます机といったり、「膾《なます》に叩く」といえば、人に意地わるする意味もあるようなので、『広辞苑』をひいてみると、魚肉をうすく切って、料理する時に包丁の背でたたいてのばす意もあったらしい。

いずれにしても、大根とにんじんを細かく切って酢につけるだけだから、工夫は少々のみりん、醬油か。

余談になるが、大根は、どこにでもあるものだから、台所のすみにころがっていたのをとりだして、先に葉を油炒めにしたし、何どか、おろし金ですって薬味《やくみ》をかねて出している。ぽん酢に、醬油にさえ、おろしがなくては食がすすまない人が多い。そのようなひきたて役の大根を、いつから「大根役者」などと俳優に冠したり、芸下手の代用につかったのか知らない。近ごろ、私は大根です、とひらきなおったつもりでそういう若い役者

もいる。大根になっておればいい方で大根にさえなれない人はいるものである。

道元禅師は『典座教訓』で「麁《そ》にして晁せず、細にして尊ばず」といわれたが、

たとえ輪切りにしてスが入っていても、それはそれで石まじりの畑の場所がそうだったのである。大根の罪ではない。珍重せよといわれた気がする。

二十七、こんにゃくの煎りだし

フライパンを熱くしておいて、胡麻油をたらし、うすく切ったこんにゃくを両面、水気を失って焦げ目がつく程度に焼くのである。

醬油をまわしかけて皿にもりつけ、生姜のおろしたのを添える。大根おろしに醬油をかけたのに、つけてたべてもよろしい。

先に書いた蒟蒻談議を思いだして、結論のつかない「こんにゃく問答」を味わうのもいい。

二十八、小鳥もどき

洋風な客のために工夫してみた。

こんにゃくを湯で煮てから、好きなように指でちぎって、胡麻油で揚げたもの。肝要なのは揚げかげんだが、揚げ色がよくついたのがいい。正体がもともとにゃくにゃの代物だし、水気が多いのだから、揚げるのも油がはじけるので、まるで闘いだが、二つ三つもりつけて、芹《せり》の根でも同じ油で炒めたのを添えてみるのである。「芹やき」というそうだが、小鳥もどきというのも、相手が洋風なので、そうよんでみたのであろう。小茶碗ものにするなら、精進ものの茶碗蒸しによい。すこぶるよい。汁の実にもよい。私はいちど、この揚げものを、豆腐をつぶしてフライパンでころりととじてみたが、とても、おいしかった。卵とじなどというものはもちろん足もとにも及ばない。精進の絶妙が味わえた。

まことに、こんにゃくも精進工夫しだいである。

二十九、白魚

こんにゃくが、白魚に見えるからそうよんだのである。細く切って、〃細づくり〃にして、そのひと切れずつに葛の粉をまぶすのである。熱湯を通しただけを、何の料理にしてもよい。

酢のものにすれば、けっこうな具となる。それに海苔の粉を、あるいは、海苔を細くはさみで切ってあしらってもよい。まぜもののない純酢につけて浮かせるのもいい。それこそ、白魚だ。

むかし、若狭の磯に魦《いさざ》が蝉とりの紙袋で掬えるほど湧いたことがあった。バケツに一杯とってきて、鶏にくれたあとをゆでて、白くふくれあがったのを、酢醤油でたべたのを思い出すが、こんにゃくがその小魚のかわりをするのである。おなじ精進でも感覚では生ぐさい気がするけれど。こんにゃくがいさざに化けている。

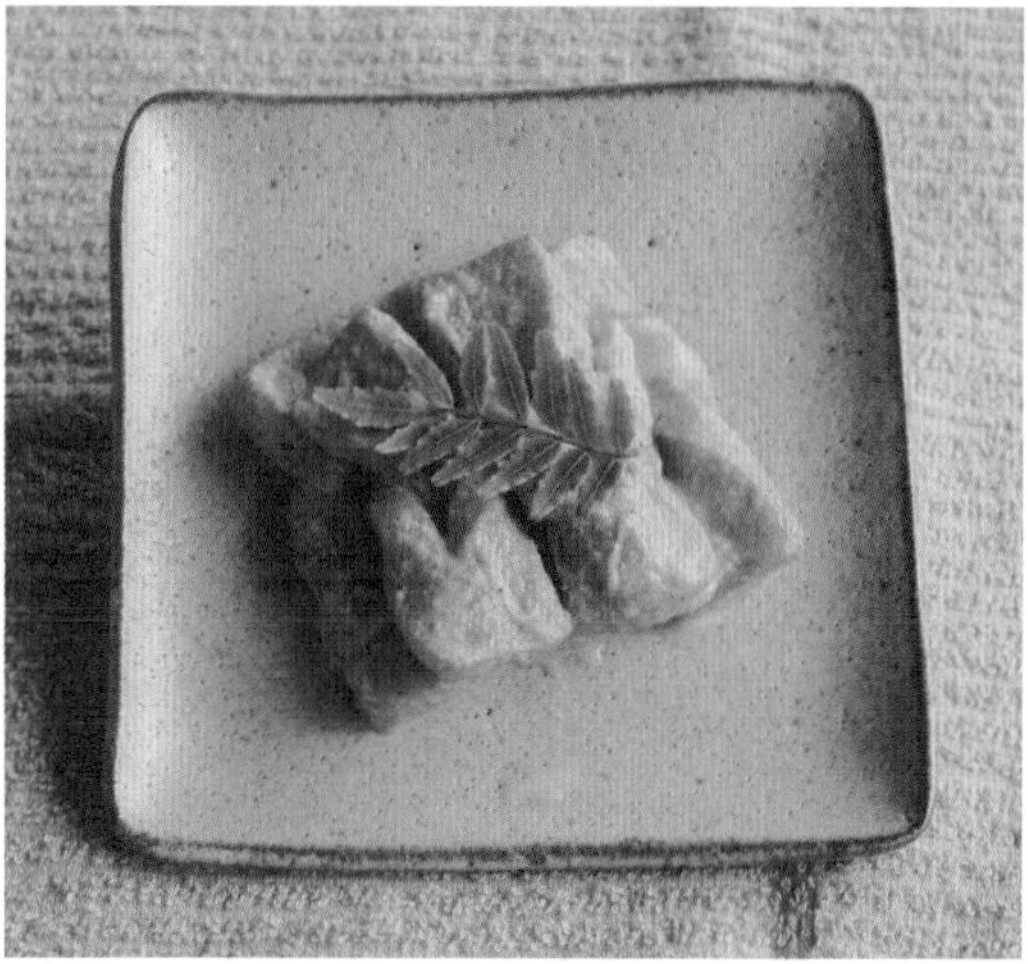

三十、こんにゃくの胡麻和え

こんにゃくを下ゆでして、アクをぬいておき、昆布だしに醬油、酒、塩で味をつけ、こんにゃくに味がしみるまでコトコト煮るのである。胡麻を香ばしく煎り、擂り鉢でよくすって、醬油、みりん、砂糖で味をととのえ、さきのこんにゃくを和える。木の芽を添えるといい。

こんにゃくを短冊に切り、包丁でまん中に切れ目を入れ、片方を入れてうらへ出せば、見た目も楽しい。ただの短冊でなくなるからである。

三十一、昆布の梅干し煮

湯豆腐やだし汁につかった残りの昆布を捨てないで、ザルか何かに残しておいたのを、細かく好みに切って、酒とみりんと、種子をのぞいた梅干しで汁気がなくなるまで煮つめる。この場合、焦がさぬように気をつける。しゃもじで時々まぜる。昆布は焦がすとにがくなるものである。焦がしてよいものもあるが、焦がしてまずくなるものの例だ。これは何よりの惣菜だが、こういう残りものを工夫するのが精進の極意。道元禅師の『典座教訓』の思想と合致する。

梅干しは、昆布の生ぐささを殺してくれているのは妙である。

三十二、まくり芋

じゃがいもをおろし金ですり、地粉を少しまぜて、蒸し器に入れ、平たくのばすのである。よくすって味噌、白、中、赤それぞれをみりん、酒などで味をととのえたのを、いもをのばしたのへ三ミリほどぬり、小口から巻いて好きなように切る。

味噌あじの工夫が肝要だ。三色をまぜてもいい。私は擂り鉢の中でまぜる。

三十三、長芋のとろろ汁

　いわゆる山芋がいちばんよろしいのだが、信州では、山芋が少なくて、畑でつくった長芋が市場に出る。あるいはつくね芋も。タワシでうす皮がむけるほどよく洗い、すりおろす。昆布だしをとり、酒、塩、醤油で少し濃い目の吸いもののぐらいの味つけにしたのへ、すりおろした芋をのばすのである。

　これ以上の工夫は不要。青海苔でもふりかけて出すがいい。とろろは、芋の味が勝負。つまり土の味である。とれたところが畑か山かでちがう。

三十四、里芋の胡桃《くるみ》和え

里芋をよく洗って、ゆでて、皮をむくのである。それを胡桃味噌にまぶしたもの。

むき胡桃カップ一杯程度をゆでてしぶ皮をむき、擂り鉢でよくすり、とろりとしたら、醤油、砂糖、塩少々で、味をととのえ、先の芋をまぶすのである。胡桃味噌が大切であるが、しぶをよくとることが肝要。

三十五、芋和え

芋なら何でもよい。じゃがいももよし、里芋もよし。蒸し器に入れて竹串で刺せるようになったら、醤油で味つけして、味噌に和えるのである。絹さやでも、こんにゃくでもいいのである。あえものは和と書くとおり、味噌と野菜をあわせる楽しみである。

三十六、長芋の短冊《たんざく》

かりに長芋があったから使ってみたのである。山芋でもいい。大根でもおもしろい。よくゆでて、短冊に切ってならべ、青海苔をふりかけるのである。小細工しないで、材料自身の味で勝負する。二杯酢にして、黒胡麻をかけてもいい。

三十七、蒸し茄子

茄子は、夏の畑の王者である。北御牧の畑は朝鮮人蔘を栽培した場所なので、土の成分が作用するのか、よその茄子より紫が濃いように思われる。秋茄子は嫁に喰わすな、というようなこともきいたけれど、秋近く（九月末）まで茄子は紫黒色の肌を光らせて、いつまでも稔るので、不思議である。

蒸し茄子がいちばんだと思っている。しょっちゅう畑からちぎってきたのをへタを落して、適当な大きさに切り、蒸し器に入れ、竹串がすっと刺せるほどに蒸せたら、火を消し、さましてから、生姜を添えて出すのである。

醬油の味も、茄子の味も、自体の味で勝負することになる。北御牧の茄子は遠いところで厚くて甘い。

これは、土の味である。

余談になるが、茄子の蒸したあとの汁を絵具に使ってみた。酢を入れると、黒紫色の汁が赤くなった。茄子の紫赤を生かして、竹紙に草花を描くと、草が紙面に生きたように思えた。

三十八、蒸し茄子の酢味噌かけ

ヘタをよく落したのを、タテにふた切りぐらいに切ってあわせ、蒸し器で、竹串がすっと通るぐらいに蒸し、酢味噌をかけるのである。白味噌に溶きがらしが加わると、層厚い味になる。

酢味噌は、自分の口にあう甘さをひき出すのが肝要。私は砂糖を少々まぜてすりこむことがある。

三十九、揚げだし茄子

昆布だしに、酒、みりん、醬油で味つけした汁に、揚げだし茄子をつけてみた。茄子は、ヘタをとり、適当な好みの大きさに切って、胡麻油で素揚げしておいた。

だし汁の加減工夫に帰するといえるが、大根おろしと生姜を添えるといい。茄子の鮮度と油がよくおろしをくぐって、舌を打つ。夏野菜が、もっとも生きる姿であろう。

四十、しめじの網焼き

しめじは市場で買ったものだ。先ずよく洗い、石づきを切り落し、よく汚れを除いたのを見てから、網にのせて焼いた。

焼きあがったらさっと酒をふりかけるのが妙味の出所。スダチを添えれば天下の一品。

四十一、茶筅《ちゃせん》茄子

ことしは、茄子が豊作だった。山つちで畝をつくる際、松の落葉や藁《わら》を押し切り、こまかくきざんで、鶏糞肥料といっしょにまぜておいたのがよかったのだろう。七月末には私の背丈ぐらいにのび、花も多かった。それらがみな結実した。九月に入ってもまだ花が残り、実が鈴なりである。散歩中、針金が落ちていても拾って、バケツに入れ雨水をため、錆びた水をあたえた。茄子は鉄分を好むのである。勘定したことはないが、一本に、五十は実ったろうか。十本も植えたので、くるお客に持ち帰ってもらった。前にも書いたが秋なすび嫁に喰わすな、というほど九月に入ってからの実はみごとだった。浅漬けもおいしかった。蒸したり煮たり、時には、にしんと煮たりした。これは、精進だから、寺でならった茶筅である。べつに自慢することはない。包丁で、目を入れただけのこと。目を入れた

ら、水につけてアクをぬく。昆布だし、酒、醤油でうすいだし汁をつくって、煮るのである。味がしみるまでコトコト煮

て、茄子だけひきあげて、だし汁とはべつに、冷蔵庫で冷やしておく。さめたら、だし汁をかけ、きざみ生姜を添えてみた。

四十二、加茂茄子の田楽

京都から、加茂茄子がきた。このごろは、季節野菜は宅急便で翌日届く。クール便なら、生ものでも大丈夫。

加茂茄子は大きい。茄子は北御牧の畑でも、夏野菜の王者だといっておいたが、京都でも加茂茄子は夏の王者だろう。京育ちの者は、肥った加茂茄子は見馴れているけれど、信州や東京ではめずらしい。その田楽である。京都へ旅行した者は、惣菜屋一品つき出しの呑み屋でこれをみたら、つばをのみこまないではおれまい。近ごろは年じゅう加茂茄子は保存されているから、田楽も年じゅうある。料理屋の「こしらえ帖」にはいつも出ている。

私のやり方は、先ず、一個の茄子を四つに切る。切り口に包丁で鹿の子目を入れる。水にさらしてよくアクをぬく。水気を切ってから、うどん粉をまぶし、胡麻油で揚げるのである。

さて肝心の味噌だが、白、中、赤どれもおもしろい。三種をまぜてもいい。この味噌を鹿の子目のある肌にぬり、表面に焦げ目がつくぐらい焼いて、客に出すときには、白胡麻をふりかける。白胡麻粒が、味噌の上にきわだっているのが、ミソである。白、赤味噌の色で交互に焼いて盛りつけてもおもしろい。「田を楽しむ」とはよく書いたもので、でんがくは鹿の子目というより、田の字にして楽しむものであるか。ただし、これは私の流儀である。なぜ、加茂茄子にしろ、豆腐にしろ、田を楽しむでんがくといったのか。包丁を使っていてそう思った。これこそ、「美学」というものであろう。料理の楽しみはこういうことを考えることにもあろうか。田楽の田の字についての説明は『広辞苑』にもなかった。

四十三、精進揚げ

どこの家でも時にやる惣菜である。このごろは冷蔵庫に野菜がたまりすぎると、この料理の出番だそうだ。しかしながら、畑からとりたての野菜はもちろんだが、春先きの蕗のとう、七草の菜など、はこべ、よもぎに至るまで、新しい芽を摘んで、これにあてるのである。裏山には、たらの芽も出る。とりわけて、たらの芽は、揚げものに限る。

江戸時代の料理通で画家でもあった『口嗜小史』の著者西田春耕も、てんぷらを好んだ、とは有名なはなしで、同書

で、「然レドモ好醃菜ナカリセバ天婦羅亦何ノ味アラン」とまでいっている。醃菜とは中国の言葉で、醃とは塩漬け、菜はなっぱである。塩につけておいたのは、畑からちぎってきて、冷蔵庫のない漢の時代だから、塩は保存の妙薬だったのだろうか。使うときは、水にもどせばいいのである。このもどしは寺にいた時もよくやった。沢庵漬けももどして煮たことがある。精進揚げも鮮度を尊ぶゆえ、醃菜もいいだろう。大根葉など、前に述べたとおり、塩漬けがおいしい。一夜漬けの大根葉を嫌う人にまだ会ったことがない。

四十四、しめじ炊き込みご飯

米は洗ってからザルにあげて三十分ほどたってから、水と酒、醤油、塩少々を加えて、しめじに油揚げの細かく切ったのをまぜ入れて炊きあげる。炊飯器でもよろしい。だが、そんなものがない頃に、禅寺でおぼえたのだから、むろん鍋で炊いた。

相国寺の塔頭は藪に囲まれていたので、薪材は竹だった。枝を束ねておいたのが、せんべいのように平べったく葉を落して束の下になっているのから、順にひきぬいて数をかぞえた。

十本か十一本で、和尚と奥さまと私のご飯が炊けた。

長じてから、しめじの季節がくると、

この少年時を思いだしながら炊いた。薪ストーブでいいけれど、電気仕掛けの炊飯器はまだなかったから、やったことがない。

だが、このしめじご飯を女性に出してよろこばれぬことはない。めったにない。しめじがなぜ女性に好まれるのか理由はわからぬが、男性も好むのである。きっと、家の台所での炊きだしだと、馳走のきめのこまかさがよろこばれるのだろう。ただのめしよりはいいのである。その旬がきているのだから。

四十五、ズッキーニ

得体の知れぬものがことしの夏から、市場にも村の畑にものさばりはじめた。これはいったい何者か。胡瓜か、さにあらず。少し太すぎる。まくわうりか、さにあらず。かぼやか、似たような味ではあるが、かたちはまったくちがう。畑のすみに蒔いておいたら、いちはやく地面を這って、かぼちゃに似た花を咲かせ、かぼちゃと同じようにみのった。すいかの子供みたいなのがあるし、瓜よりも太くて長いのもある。筋の入ったのも、入らないのもある。同じ茎に結実するのだから不思議である。ほくほくの栗っぽいのはいただけるけれど、水っぽいのは困るのである。料理も工夫して、いろいろまぶしてみるが、ズッキーニだけでは、

あんかけをかけても水くさい。このあいだパン粉にまぶして胡麻油で揚げてみたら、栗っぽい感じがあって、とてもうまかった。油とは性分があうのだろう。

四十六、ズッキーニのてんぷら

畑にとれた本年最初のズッキーニのてんぷらである。ほくほくした栗のような味わいがある。かぼちゃのおいしいのに似ている。水気がありすぎるのはよくないが、それも、この夏から畑でつくったので、急に、長野県下の野菜畑を占拠しはじめたこの瓜に似た食材に、てんぷらは冒険かと思ったが、ほくほくした感じをひき出すのにはいい工夫だと思った。

四十七、ごぼう、にんじんのきんぴら

私のもっとも得意とする惣菜である。ごぼうを笹の葉にそぎ、にんじんも細切りにして、フライパンに胡麻油をまわしかけして、醬油、みりん、砂糖で味つけして仕上げに煎り胡麻をふりかける。

材料の甘味の逃げない料理といえて、どちらも鮮度よきものがよい。

四十八、蕗と昆布の煮しめ

畑のよこの松林を流れる小川がある。じつはこの小川は尺余のはばだが、私がつくったもの。斜面なので、竹紙の杵をうごかす地下水を汲みあげての狐おどしふうの杵の捨て水をあつめ、畑へみちびいているのだが、このわきに、蕗が野生するのである。わさびも穂高からもらったのを植えて活着している。二月には蕗が先ず薹《とう》を出し、花になるのが三月。薹はむろん、つくだ煮にするけれど、（わが庭の春のはしり）五月末から六月にかけて、むらがり出ているのを刈りとるように、根もとから茎をぬき、葉のつけねの方からと、赤紫色になった根の方からと、こわ皮をむいて適当に切りそろえる。昆布はだしがらを使うのである。両方とも、うすく、胡麻油をひいた深底フライパンで、焼きころがしたのへ、じかに醬油、みりん、砂糖で煮しめてゆく。焦げないように時々混ぜる。汁がなくなるころ火を弱め、とろとろ煮しめたのをもりつけるのであるが、昆布と、蕗をべつべつに盛りあわせてみてもおもしろい。

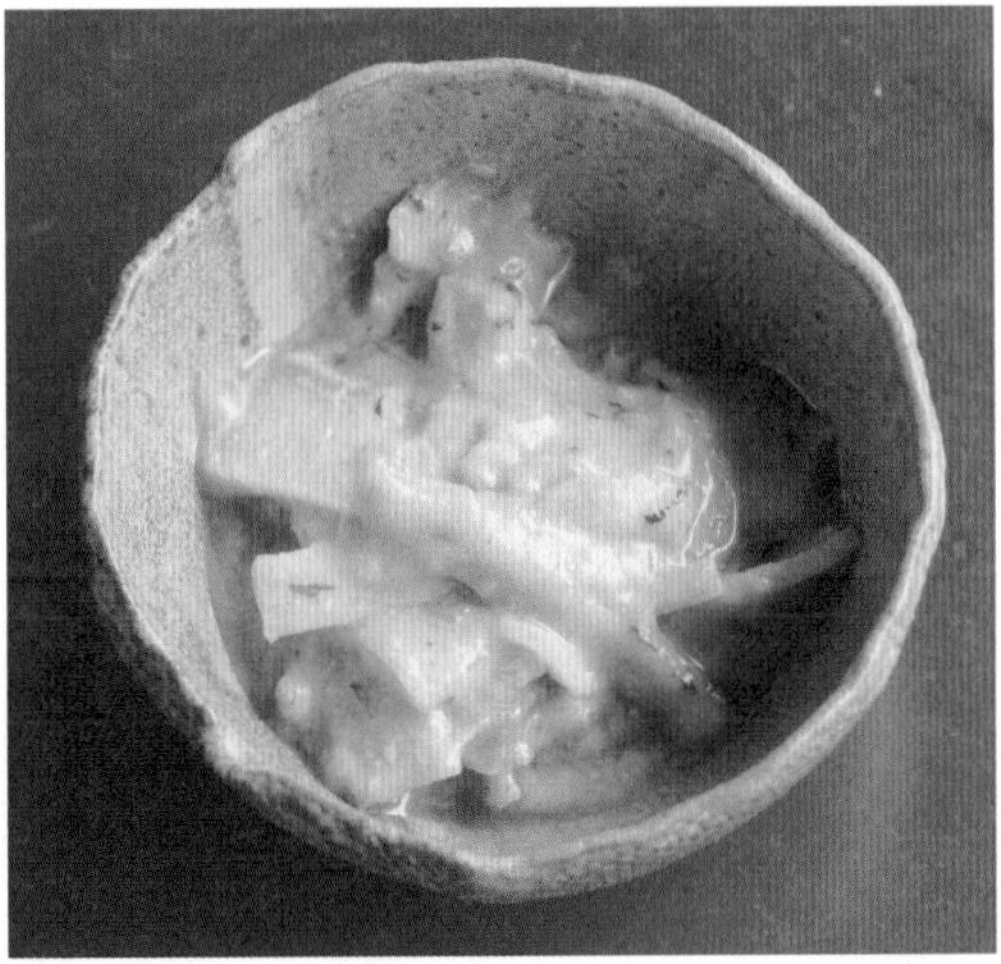

四十九、うどの味噌和え

うどは、裏山の松林でとったもの。根の方から二、三寸、青いところは嫌って、根に近い茎を、湯に入れてアクをぬいてから、ゆっくりべつの湯で煮て、やわらかくなったところをザルにあげて冷やしておき、味噌の方は白、中、赤をまぜてよくすりこんでから、砂糖、みりんを入れて、いくらかねばりを残して溶き、これにうどのさめたのをつまんで入れ、手でぬたようにしてみたのである。

ねぎでもいい。味噌に胡桃が入れれば、なおおもしろい。

五十、かぼちゃとトマト

かぼちゃのうまそうなのを、好みの寸法に切って、蒸し器に入れ、強火で七、八分蒸しあげてから、擂り鉢でつぶしたものである。熱いうちに、塩、胡椒、オリーブ油に酢を少々ふりかけ、冷めたところを塩もみした胡瓜とトマトを和えるようにしてまぜた。

五十一、かぼちゃの煮つけ

かぼちゃの畑での見立てに、お尻をたたいてみる人がいる。私もいちおうたたいてみる。水気の多いのは、音がわるい気がする。いわゆる栗っぽいほくほくの果肉は音がいくらか太鼓になる。

かぼちゃを南瓜とかくのは『広辞苑』によると、十六世紀ごろカンボジアから伝来したせいとある。「南瓜野郎」などといい、みにくい男性をののしる時に使うと『広辞苑』はいっているから、俗界においてのことだろうが、精進料理でかぼちゃをみにくいからといって軽蔑していたらはじまらない。道元禅師のいわれた「麁《そ》を軽んぜず細も尊ばず」にそむくだろう。

私は、かぼちゃの煮つけが好きである。醤油と、だし汁と塩、砂糖それだけで煮つめるのである。汁がなくなり、ほっこりするまで焦がさぬように煮るのである。汁気がありすぎるとまずい。多めにしてしまったらしゃもじで掬ってボウルに入れ、焦げつくようになってから、もどすのである。

五十二、もやしの二杯酢

もやしはひげ根をとりのぞいて、さっとゆがいておくのである。酢と醤油で二杯酢をつくり、もやしを入れて和え、器にもりつけてから、七味唐辛子をふりかけてみた。酒のさかなにはもってこいの酢のもの。

もやしは京都で少年の頃はたべなかった。寺にもなかったから。

十九歳で渡満して、奉天北市場で苦力監督の見習をした時、会社の食堂で毎朝、味噌汁の具に出た。その時、もやしをはじめて喰った。ところが、あまりおいしくなかった。味噌がまずいからだった。

五十三、ずいきと生麩の煮しめ

ずいきを適当に切って水につけて、アクをぬくのに何どか代え、鍋に湯が沸騰したらずいきを入れ、三ど水を入れてアクをぬいた。だし昆布、うす口醤油、酒で、うすい汁をつくっておいて、生麩といっしょに煮しめた。根気よく煮なければならない。ふくめ煮というのだが、焦がすのは芸がない。

ところで、禅寺で麩もつくったことがある。材料は地粉つまり小麦粉である。水に溶かしてよく練ってから、布巾で漉して、つよく絞るのである。私の場合は、ボウルの水につけて大胆に押し絞る。布内に残ったのは、滓であるが、これを寺では「餅麩」とよび、ボウルにのこっている汁の方を、さらに水切りしたのを「正麩」といったように思う。正麩は澱粉《でんぷん》のかたまりなので、お菓子屋さんなどが尊んだということであった。大豆でつくる豆腐とおからの関係に似ているが、麩は、おからよりきめがこまかい。一説によると入宋した禅僧が、向うの製法を日本につたえたらしいが、小麦粉を作る時に生じるふすまのことを「唐粉」などといったのはその名残りらしい。麩は串にさして団子のようにも短冊にも焼いて、寺では茶うけにしたものだが、京に麩屋町という町名まで残っているから、ずいぶん、寺院や庶民のあいだで重宝されたとみていい。室町時代はもっとも宋、元と通交があったから、僧侶もかんたんに往来できたのであろう。ハワイみやげのように、異国のみやげとして、麩を持ち帰ったのだろう。

生麩は懐石料理には欠かすことができない食材である。蒸したり、ゆでたり、さまざまな工夫をこらして、味つけを考えれば煮汁に馴染む。

私は京都へゆくと、出町の桝形《ますかた》市場へいって生麩を買って帰る。ずいきと煮たのも、店にずいきがあったから買ったのである。

五十四、干椎茸と高野豆腐

干椎茸と高野豆腐を両方とも水と湯につけてもどしたのを、昆布だし汁に、砂糖、酒を加えて、コトコト煮ふくめた。汁がなくなるまで煮たのだ。

干椎茸は、冬の精進の王者だし、昆布のように、だし汁に活躍する。椎茸には、生、干二種あるが、私は干椎茸の方を好む。甘味が濃いように思えるからである。

　高野豆腐は、高野山が元祖だそうだ。一日寒い日に高野山で僧侶が豆腐を外に出したままにして夜をすごし、朝になってみたら、かんかちに凍っていた。それを湯にもどして煮たところ、たいへんうまかったので、わざわざ豆腐を凍らせるようになった。それからの呼称だそうだが、私には、木綿漉しの豆腐よりざらざらした粗いものがおもしろく思われる。

　これも余談になるけれど、名戯曲「調理場」の作者アーノルド・ウェスカーさんが来日されて、拙宅に見えた時、私は手料理で、高野豆腐を甘く煮てウイスキーのあてに出した。すると、とても、おいしいといわれる。そこで帰りがけに高野豆腐のよくかわいたのを箱に入れてプレゼントした。ウェスカー氏はふたをあけてみた。豆腐がスープのカスになっている。スープはとてもおいしいはずだがこれはカスだ。そこで、精進料理では高野豆腐の汁、つまりスープは、煮しめてしまうか、甘辛く煮て煮物にするのだといったら、スープを固守して、激論になった。結局、私の方が負けた。煮物とスープの違いが外国人にはわかってもらえなかったのである。高野豆腐の名誉のためにいっておく。汁の実に浮かせるものではないように思う。砂糖、みりん、醤油で甘辛く根気よく締めて煮るのである。椎茸は最良の友人である。このふたつが煮しめてあれば、いうことはないのである。

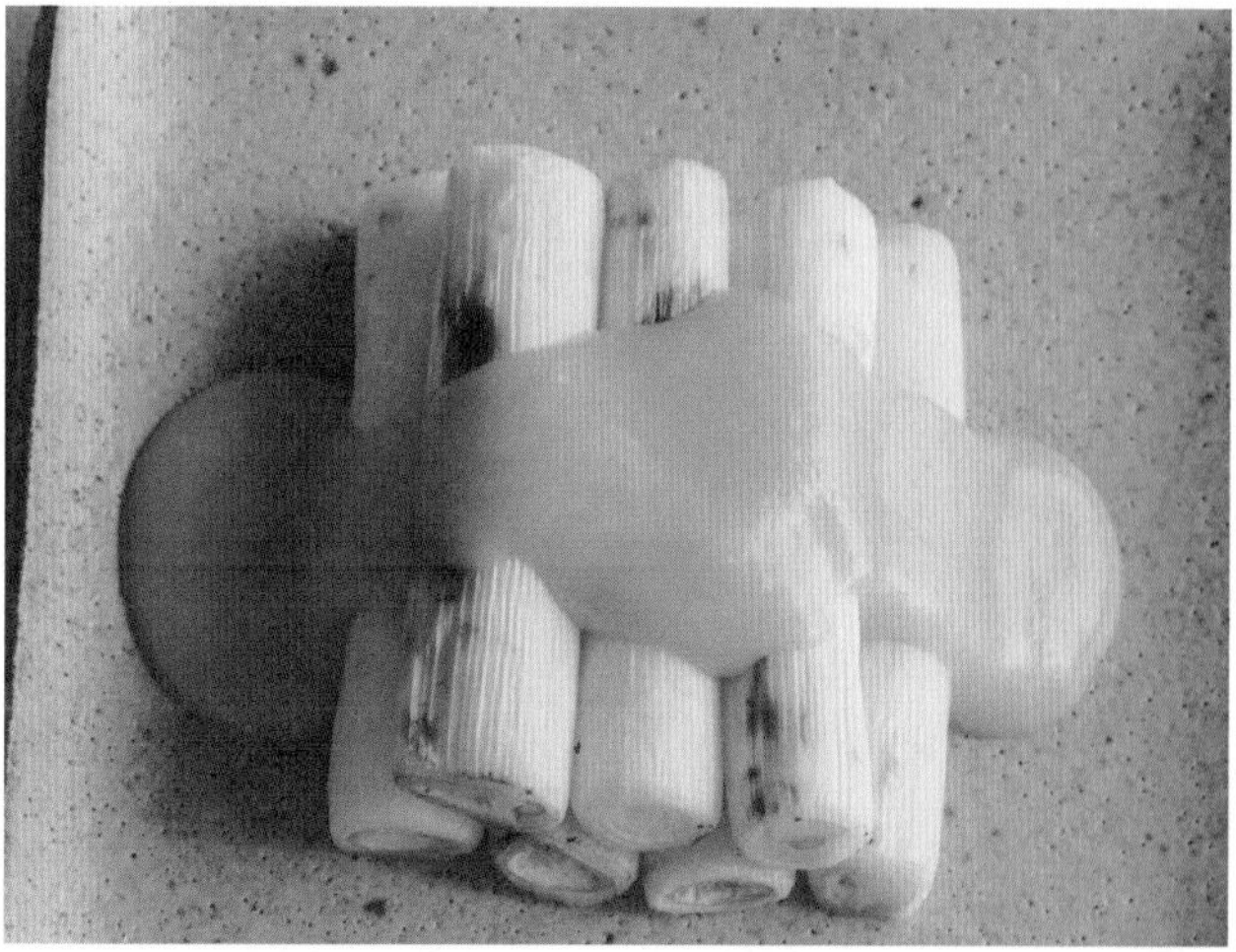

五十五、焼きねぎ

白ねぎを適当な長さに切って、網で焼き、白味噌をつけて出すのである。ねぎは、まめに畝で土をかけてやるのがいい、とG婆さんはいった。白い部分がながくなるのは、土をかけてやればこそである、と。

冬の熱燗酒のあてはこれにかぎる。

五十六、わかめと九条ねぎのぬた

わかめは水にもどして、酢洗いしておいたのである。九条ねぎはよく洗って熱湯でさっとゆであげ、適当の長さに切った。酢洗いしたわかめと、擂り鉢で白、中、赤まぜた味噌に酢をまぜてぬたをつくり、和えたのである。

五十七、万願寺ピーマンのから揚げ

このピーマンをなぜ万願寺ピーマンとよぶのか、理由を私は知らない。ふつうのピーマンより細いように思う。ししとうともちがう。京都から送ってもらったものだが、竹串か何かで、ピーマンの数カ所へ穴をあけるのである。そうして、地粉をふりかけて、百八十度ぐらいに熱した油でからり揚げるのである。何をかけてもいい。大根おろしでも、酢醤油でもいい。もりつけてからふりかけて出すのである。

五十八、白胡瓜と茄子の糠漬け

白胡瓜はこれも京都の産物だ。茄子と一夜ぐらい浅漬けしたものである。夏は、糠漬けの季節だ。臭いをきらって冷蔵庫に入れっきりの人もいるが、糠漬けはあくまで外に出して、夏は、菌《きん》を育てねばうまくならない。菌が材料を腐らせてこその浅漬けなのである。余談だけれど、私はマニキュアをした女性が多くなった日から浅漬けが家庭から消えたと思っている。

五十九、おから

いよいよおからである。誰もが喰ったことがあろうけれど、私の場合はべとべとは好かないから、そのために、よく煎っておくのである。にんじんも椎茸もごぼうも、こまかく切ってこれも煎っておくのである。具の類は、鍋でのちに油を熱して炒めてから、煎りだしたおからも加えてだし汁をつけ足し、汁気がなくなるまで、煮つめるのである。もりつけぎわに、ねぎをきざんで入れるといい。鮮度はよく、味もしまる。

六十、オクラの梅肉和え

ああそうかと思われるだろう。それほどのものである。ただし、梅干しがきめ手となる。私の場合は、梅を自分で漬けているから、塩の少ないのをえらんで、少々砂糖をまぜてまぶすのである。みりんを少々加えてのばしてもよい。

だいたい、オクラというものも、ズッキーニに似て、異国ものと思うけれど、それを日本の梅でしめるところがおもしろい。糸をひくだけのオクラのぬけたところがしまった味になる。

六十一、ししとうの炒め煮

　これも、ああそうかといったたぐいのものかもしれない。しかし、夏の醍醐味をさがすとすればこれだろう。畑の味がそのまま膳にのるからである。

　胡麻油で焦げぬように炒め、酒と醤油で味をととのえる。つまり、煮つめるのである。少々の砂糖もよろしい。

六十二、ピーマンと油揚げ

これも、何でもない、われわれの馴染んだ小鉢惣菜である。私のやり方は、ピーマンは丸ごとが主で、肥ったのは半分に切って網焼きする。油揚げも直火で焼いてから、適当な長さに切るのである。この場合、小きざみの方がいい。ひたし汁は醤油と酒とみりんである。少々の砂糖もいい。女性客だと、味のこまかさがよろこばれる。汁ができたら、焼いた両方を手で和える。

六十三、えんどう豆のご飯

えんどう豆をさやから出し、塩ひとつまみ入れた湯で、色よくゆであげてからさましておく。米をといで、三十分ぐらいザルにあげ、酒（米の量に対して一割）と塩ひとつまみ、だし昆布をしいて炊きあげる。炊きあがったご飯に塩ゆでした豆をまぜるのである。

精進の王者を問われて、えんどうめし、といった人がいる。なるほど、これを出されて拒む人を見たことがない。

六十四、隠元豆（さんど豆）の蒸しあげ

これは、夏の七月の畑の初収穫のあたり、しょっちゅう客があると、供する惣菜である。寺院では、蒸し鍋をかけておいて、畑へ走ったものだが、絹さやの時と同じように、さやの根からちぎって背のスジをとり除いた。若い実はほとんどスジがないから、途中で切れた。腹の方も同じである。生姜醬油で喰うのが一番。

六十五、隠元豆のつくだ煮

京都から長い隠元を送ってもらった。べらぼうに長い豆だった。二十センチはゆうにあった。十本ほどがサランラップに入れてある。信州にはないものである。倍以上も長いのには驚いた。相国寺にいる頃、裏畑で和尚といっしょに棚をつくったものだが、こんなに長いのはなかった。化物の時代である。福建省にもないそうだ。このような品種を日本の農家はハイテクで工夫したのだろうか。

その長隠元を適当な長さに切ってフライパンに胡麻油を熱して、炒めたのち、酒とみりんと醬油で煮つめたのである。

六十六、花豆のふくめ煮

花豆は信州でしかお目にかからない。軽井沢時代から、乾物缶に欠かせないものので、畑の隅でも出来た。鴉や鳩に見つけられないように、蒔いたら、土をかけておくのである。

収穫は、八月である。市場でも売っている。とりわけ、北御牧村の花豆はおいしいのである。市場へゆくと、赤いのもある。黒と朱のまだらなのもある。

煮るには、ひと晩、水につけておく。鍋にかけて、沸騰したら、水をまるごとかえて、再び沸騰したらびっくり水をそそいで、火を細めて、コトコト煮はじめるのである。やわらかくなったら、砂糖を入れ、甘さがきまったら、醤油と塩を入れて味をととのえるのである。爪楊枝を添えれば、ウイスキーやブランディのあてになる。

六十七、大豆の昆布煮

ひと晩大豆を水につけておき、べつに昆布を水につけて、やわらかくなったら、適当に切って、大豆といっしょに火にかけ、コトコト煮こんで、大豆がやわらかくなったら、醬油と砂糖を少々入れて、味をととのえる。

私はこの大豆の昆布煮が好きで、惣菜の親分のように思うのだが。

六十八、ゆであずき

あずきは、よく洗ってから、二、三時間水につけておくのである。私の場合はひと晩つけておく。大きめの鍋に入れ、そのまま、火にかけて、一度沸騰したら、アクが出ているので汁を捨て、新しい水を入れかえて、再び中火で、トロトロ煮る。再度沸騰してきたら、さし水をする。おとなしくなったら、弱火にし、豆がやわらかくなるまで煮て、豆がやわらかくなったら、砂糖を加え、甘味をきめたら塩をひとつまみ入れて、甘味を締めるのである。そうしてととのえる。

さし水のことを禅宗寺ではびっくり水とよんでいたが、あずきにすれば、せっかく煮あがったのに、冷水をさされるのでは、警策《きょうさく》をもらったようなのかもしれない。

和尚はおもしろいことをいっていた。「びっくりさせてやろうかい」。あずきは絞られて甘味を出すものらしい。ストーブの冬は深底のシチュー鍋であずきを煮るのがいい。

六十九、生湯葉の網焼き

生湯葉は適当な大きさに切り、網にのせ、こんがり焼き目がつくまで焼いて、大根おろしに醬油を入れたのにつけてたべる。

生湯葉のかわいたのを、寺でもふつうの湯葉といっていたが、京都の上京区に湯葉をつくる専門の豆腐屋があり、よく相国寺にいた時分に買いにいった。和尚のはなしだと湯葉のことをとうふの姥《うば》といったそうで、それがなまってゆばになったらしい。現今の知識でいうと、山東京伝の本には「表面にしわがよっているから姥ともゆばともいうのだ」とあるそうだ。寺で湯葉をつくったことがあった。大豆を煮て、豆乳をつくり、これを浅い鍋で煮ると、表面にうす皮が張る。これを、細い棒ですくいとって、洗濯物を干すようにあげるのである。しわが粗くなるころにやめるが、上質の豆乳だとこまかいしわなので、水を切れば、生湯葉になる。生湯葉を、ひきあげ湯葉ともいうのはこのせいだ。乾燥させれば干し湯葉になる。干し湯葉の平べったいのを平湯葉、巻いたのを巻湯葉とよんでいたが、生湯葉は、おろし、わさびなどでたべると最高であった。椀物や茶碗蒸しなどあつものにいい。禅寺では欠かせぬもので、蛋白、カルシウムなど多量に摂取できるので、野菜ばかりの精進料理で尊重されたのである。

　これは京都から宅急便で送ってもらった。

七十、杏のシャーベット

　信州には、杏の里が多い。果樹に工夫をこらす農家があって、市場へゆくと、夏は、果物が競うのである。ソルダム、プラム、リンゴ、すもも、あんず。北御牧村は杏の更埴市に近い。車で三十分ほどだ。花の頃は、花見に誘われるが、まだ寒い頃なので私は見に行ったことがない。しかし、杏は好物なので、市場に出ると買ってくる。むろん、よく洗って皮ごとかじるのだけれど、おいしいのに

当ると、量多く買ってきて木綿袋に入れ、すりこぎでたたいてタネを出し、擂り鉢でよくつぶしてから、すりこみ、うら漉しをして、砂糖をかげんしながら加え、よくまぜこみ、型に流して、冷凍庫に二、三時間入れて凍らせるのである。

精進のデザートとしては極上。果実そのままを出すのもいいけれど、シャーベットはひと工夫の感じがある。せっかく大きな冷蔵庫をもっているのだから、活用するがよいのある。うまい杏だと、客は必ずお代りを所望する。よその店のよりうまいといってくれる客もいた。

中学生時代の隠侍見習の頃、東福寺の僧堂から週一回は等持院にきておられたO和尚の、「料理料理いうてもな、煮るか、和えるか、揚げるか、焼くか、蒸すか、の五つで、生《なま》を入れても六つしかない」といわれたのがいまも耳奥に残っている。それで、昔、手でおぼえた五種のうち、十品ほどを、十珍と名づけて、旬がくるたびに、北御牧村で自分でやってみて客に供したものを、それを書きとめておくのである。

煮物十珍

馬鈴薯の甘露煮

畑でとれる八月のじゃがいも。前書でも述べたように自分で作っていると、八月に畑を掘りかえして収穫するとき、三つ鍬《くわ》を使用するのだが、その鍬のすきまからこぼれるぐらい小粒なのがある。粗略に鍬を使っていると、大きなのに刺さったりする。大きなのは自然と鍬の先で割れる。それらを手籠に入れて台所にもってきて、よく洗い、大きく割れたのは、二センチ五ミリぐらいのサイコロに切って、小粒なのと揃えるのである。よく洗って土をのぞくのには、タワシを使うのがいい。これらをやわらかく箸が刺さるまでゆでてあげる。それをザルにあげて、湯を切るのである。これだけで塩をつければ、添えものになるぐらいの味をもっているが、甘露煮だから汁に工夫が要る。砂糖に醬油と、同量の水を加えて先ず煮る。この煮汁に、馬鈴薯を移して弱火で、三十分ほど煮てから、醬油を少しさして、しばらく火にかけ、火を止めたあとそのまま放っておけば出来あがるのである。さて、この場合、O和尚のいわれるには、「砂糖にもアクというもんがある。アクを取りのぞいて煮なければならん。おなじ甘露でも上等な煮汁のアクの取り方は、砂糖水に玉子の白身をときまぜて火にかけ、浮きあがってきた白身を布巾で漉して除けばよいのじゃが」ということだったが、玉子を入れるのでは、精進にならないから、私の台所ではアクのあるままの砂糖煮汁でがまんするのである。しかしながら、本孝老師には、白身でアクぬきした煮汁で仕上げたことを付記しておく。つまり、隠侍の仕事というものは、このような念を入れた工夫をかくし味とするのであった。そのことをこの甘露煮から悟るのである。この世に甘露甘露などとかんたんに人はいうけれど、禅宗料理の甘露には、以上のようなことがかくされている。O和尚はこのようなことをことさら論じ立てていったわけではない。ただ「濃くしたけりゃ、漉したあとを煮つめたらええわ」といわれたのだ。

馬鈴薯のきんぴらと、おろし揚げの煮ふくめ

きんぴらは何もない時に、おいしく出来て便利なものである。馬鈴薯は皮をむき、一センチ角、長さ四、五センチの拍子木型に水でよく洗ってザルにあげて水気を切っておく。深底の中華鍋に胡麻油を煮立て、これに馬鈴薯を入れて炒める。全体が半透明に狐いろになる前に砂糖と醤油を多目に入れて、甘辛く炒め煮するのである。この場合、すぐ焦げるから、しゃもじか何かで、しょっちゅうまぜてやらねばならない。さいごにひと味、

唐辛子をふりかけて、煮汁が完全になくなるまで炒めるのがコツ。食べてみて、餅っぽくなっておればよろしい。やわらかさも少しかためなのが私の好み。おろし揚げの煮ふくめは、水洗いした馬鈴薯をおろし器ですりおろし、自然に落ちる水気を切っておく。これに地粉（うどん粉）を四分の一ほど加えて、塩でよくこね、大さじ一杯ずつの団子にするのである。この団子を煮立った胡麻油で、から揚げにし、狐いろになるのを目安に、ひきあげる。べつの鍋に昆布だし汁をつくっておき、醬油と砂糖で調味して火にかけ、煮立ってきたら揚げ団子を入れて弱火で煮ふくめるのである。私は少し濃いめの味を好んできたが、好きにすればいい。心臓病になってからはうす味にしている。

ついでだから、同じ馬鈴薯の粉ふきを書いておく。塩をつまんだ湯で、小粒馬鈴薯かサイコロ切りのを、三十分間ぐらいゆでる。もう一ど煮ないから完全にやわらかくなるまでゆでるのである。さてこれらをザルにあげ湯を切ってから、割るか切るかして半割り小粒にし、次に鍋を熱しておいて、馬鈴薯が重ならないようにならべて、強火で鍋の両耳を左右に振ってうごかす。調味は、塩、胡椒をふりかけるだけでよい。芋の肌の水気がとれて、白粉がふいたようになったところでやめる。これはウイスキーのあてによい。子供のよろこぶおやつでもある。

かぼちゃの煮もの

かぼちゃは、調理のし方で、きらいな若い人たちにもよろこばれることを知るべきである。等持院ではよく、かぼちゃがとれると、小僧らにまで油煮が出た。先ず、適度に切ってかたい皮をむくのである。サイコロにして、水にさらして、アクをとりのぞく。この場合、かたい皮をむくのは斑ら模様になるのが自然である。少し硬皮をのこす方が眺めもよい。むろん、内側のわたのついたやわらかいところは、タネごと除いた方がよく、そのやわらかいスジも半分ぐらい残して、塩水につけておくのである。十五分ばかり塩水につけたのをひきあげ、別鍋にひたひたになるほど昆布だしを入れ、ほど甘いていどに砂糖、醤油で味つけするのである。

また、油煮の場合は、水を切ったのを鍋に胡麻油を入れて熱し、かぼちゃを入れて煎りつけ、熱が充分ゆきわたったら、砂糖、味噌、醤油を昆布だしに加えて、甘辛く調味して、注いで、汁気が半分以下になるぐらいまで煮しめるのである。醤油が入ると、黒くなるので、見た目は黄味がなくなっているけれど、飯のおかずにはよろしい。

かぶらの煮付け

かぶらは、畑でとれたすぐのが香りがあってよろしい。もともと大根とちがって甘ったるいのである。これをきらう人もいるけれど私は好む。大根煮と同じように調理も手間が不要。

北御牧にも白かぶと赤かぶができる。どちらでもよい。煮しめてしまえば赤かぶも色を失うからである。よく皮をむき、大きめに切って、さっと水洗いし、昆布だしに砂糖少々を加え、煮るのである。しばらくするとやわらかくなる。箸が通るようになったら醬油少々をさし足し、五分ばかり煮て、出来上りである。皿にもりつける時、七味唐辛子か山椒をふりかけるとよろしい。甘味が濃くてよろこばれるのである。

蓮根のうま煮

肉のあつい材料をえらばねばならない。蓮根はうす切りにしやすいが、うま煮の場合はなるべく厚く切るのである。芽の方からひと節目の太いところがよろしい。不思議なことだが、ふた節目になるとまずくなるのがおもしろい。節の数でまずい、おいしいをきめてしまっては、麁《そ》をきめるようで道元禅師『典座教訓』にそむくのだが、私の経験上これをいっておくのである。さて、蓮根は、例によって泥つきのままのをタワシで洗うのがよろしい。うすく皮をむいて、穴の中へ泥水が入っておれば、これもていねいにとりのぞいて洗っておく。寺では、皮をむくのに、水につけて桶の中で、芋の皮むき器を使っていたが、いまもそうするのである。さて、厚切りにしたのを、水にさらし、ザルにあげる。

鍋の方は昆布だし、砂糖、みりん、酒など加え、だし汁を煮立て、水洗いしておいた蓮根を入れて、中火で煮るのである。途中醬油を加えて味をととのえる。時々、上下をかきまぜてやらねばならない。煮汁が半分ぐらいしかつかっていないからである。かりかりした歯ごたえのあるのが蓮根の特徴でもあるから、やわらかすぎないように煮あげる。皿にもりつける時、山椒や七味をふりかけるのもよろしい。

蓮根はなかなかに煮くずれはしないから細工煮してもおもしろいようだが私はあまりこの小細工を好まない。穴があるだけでよろしいのである。充分に蓮根は蓮根なのだから。

○和尚の教えた細工物は、ななめに切って、せまい方の両側を平行に切りおとし、次に左右が等分になるように真中から切り、真中を切ったところから左右にひらいて、切口がずれぬようにぴったりあわせれば姿がいいとおもしろがってつくられた。お祝いごとの煮しめなのだそうだ。

くわいの甘煮

くわいは色の青いのがよろしい。芽の方と尻の方を切り捨て、胴の部分をぐるっとひとすじに皮をむいて、少し青皮ののこったのを輪切りにすれば、新鮮な感じがつよい。

これらをたっぷりの水に入れ中火にかけて、やわらかくなるまでゆであげる。

この場合、なかなか火通りがおそいから念を入れるのである。落しぶたなどするのもいい。ゆだったなら、ザルにあげて湯を切り、さっと水で洗って、水気を切り、昆布だしをくわいがひたひたになるまで入れて煮る。砂糖と醬油で味をととのえるのだが、汁が半分ぐらいに煮つまったところで火を消し、あまり色づかないうちにもりつけたのがよい。醬油の分は塩で味つけるのもいい。

またO和尚は、この煮たくわいを布巾にとって絞った。前後左右にすりこぎでたたいて押しつぶし、「茶巾くわい」と名づけて、老師の酒のさかなにされていた。

銀杏のやわらか煮

銀杏《ぎんなん》はよく煎っておくのである。冷めればまずくなるから熱いうちにたべねばならぬ。茶碗蒸しなどに入れたのはやわらかいが、これをもっとやわらかく煮て豆のように煮しめるのである。先ず、皮をとりのぞき、鍋に移し、水から煮立てながら、割り箸数本でかきまぜるとうす皮がラクにはがれるから妙である。きれいにうす皮がむけたらたっぷり水を加えてゆであげる。煮立ってきたら、火をとろ火にして、落しぶたをして、銀杏が破れてくる直前まで気長にゆでる。やわらかく大粒にふくらんできたら、酒、醬油、砂糖、みりんを入れて味をととのえた煮汁で、煮しめる。

銀杏は、アルコール分をふくむので、これをよく煮立てて発散させ、味を含ませるのである。やわらかく、とろっとした煮豆に似た姿がおいしい。黄色い銀杏が狐色になる。配色のよい小鉢で供するのがいい。酒のあてにもってこいである。

けんちん汁

禅寺の代表料理のようにいわれてきた。建長寺が創建された鎌倉期のごちそうで、中国からつたわったため、けんちんというと教えた先輩がいた。建はわかるにしても、中国語の発音だと「長」はちんとはよまない。字引をひくと、「巻繊」がまともらしい。『大辞林』では、中国伝来の日本化した料理。おおむね豆腐に野菜を取りあわせて油で揚げたり、蒸したりしたもの。けんちん汁という、とある。

等持院では、庫裡に珍客があったりすると、冬はけんちん汁だった。豆腐をにぎりつぶして、荒々しく大鍋で炒め、里芋や椎茸、こんにゃく、大根、にんじんなどサイコロ状や、細切りにして、昆布をだしにして砂糖、醤油、酒、みりんで味つけした煮汁を椀でいただくのである。これが小僧らにはたいそうなごちそうで、前書に、等持院の庫裡の粗食風景を金子光晴氏の『詩人』で紹介したが、金子氏は長く滞在されなかったため、このけんちん汁をご存じなかったのだろう。魚肉片一切れもまじっていないから淡白すぎて先生にはご不満だったろうが、私たち小僧には豆腐のにぎりつぶしや、油揚げの千切りがぜいたくに入っているだけで、淡白だとは思えなかった。

そんな思い出もあるので、北御牧でも時々、冷蔵庫の掃除をかねて、五目豆腐に似たやり方で、五目の具を油で炒めてけんちん汁にし、ストーブの上にのせ、朝から深い鍋でぐつぐつ煮ることがある。干椎茸などのほかに、ぜんまいがあればにぎやかだ。なくてはならぬものは大根、にんじん、ごぼうに里芋だろう。けんちんのよく煮汁をふくんだ里芋の味は格別だ。となりに、高野豆腐のサイコロ状のが煮ふくめられていたら幸福そのものである。つぶし豆腐が、野菜にまぶれてすべての具をひきたてるのである。

『大辞林』によると、「巻繊汁」には、つぶした豆腐と、千切りにした野菜を油で炒めて実としたすまし汁とある。また「巻繊蒸し」といって、豆腐、にんじん、ごぼう、きくらげ、麻の実などを胡麻油で炒め、背開きした小魚につめたものもある。小魚を背開きにしたのでは寺院の料理とはいえまい。中国伝来というのは、建長寺の創建期、蘭渓道隆や無学祖元など、宋からきた禅師たちに随行してきた典座和尚がいて、故国の料理を日本に紹介したのだろう。

里芋と厚揚げとこんにゃくの煮しめ

里芋のころ煮は、日本の台所から消えた料理のひとつだが、里芋好きの人のために、厚揚げとこんにゃくを三角に切って、昆布だし、醤油、酒、砂糖で味をととのえて煮しめるのである。こんにゃくはフライパンで、胡麻油で少し炒めてから参加させてもいい。けんちんとはまた一味ちがった芋の煮しめなのでおいしい。椎茸、にんじんも入れてむろんいいのである。少し濃いめの煮汁で甘煮の方がいいのだ。

里芋、ひりょうず、ごぼう、こんにゃくの煮しめあんかけ

前回の厚揚げをひりょうずに代えてある。ひりょうずは、がんもどきである。豆腐をすりこんで、野菜や乾物の五目をこまかい具にしてつめこみ、中ぐらいの饅頭形にして揚げてある。これを二つに切るか四つに切る。煮汁を内部にしみこませるためである。ごぼう、こんにゃくは、前回の煮しめの要領。あんかけは、昆布だし汁に醤油、みりん、砂糖で味つけしたものに葛をといて、あんにしたのを、もりつけた煮しめの上にかけて、おろし生姜をひとつまみ添えて供する。寒い日など、ただの煮しめより軀が温まるのである。

和えもの十珍

山にある春さきからの山菜については、前書に書いておいたが、春風が吹いてくれば、松林にも雑木林にも草の芽がふいてくるから、それらの大半は、みな食料だと思っていいぐらいである。和えものはこれらの山菜のためにあるといえるのだが、味噌和えの場合を考えてみても、赤、中、白、ととりどりである。材料によって、味噌をかえる。手をかえ、品をかえるのが、料理の工夫である。

　黒赤味噌の場合は、昆布だし汁をまぜてすり鉢でするのである。砂糖を入れるのも擂り鉢の中でだし、この時に、くるみをすりこんでもいい。何でもいい。すりこめるものは山椒の葉でもおもしろい。いぬたでもよろしい。酒、みりんを入れ、相手が山菜なのであるから野趣が濃くなる。「麁《そ》なるもまたよし」（『典座教訓』）である。これは山に住む者の醍醐味を知る暮しといわれる所以である。

　また、和え味噌をつくる際に、とろ火で煮るのもよい。酒、みりんでうすめ煮するのである。これに、うどなど擂り鉢でまぶせば最高だろう。いぬたでの葉もよろしい。味噌の甘い辛いにもよるけれど、加える砂糖は多目がよろしい。山菜はにがいから、それを消してくれる。これが春先から夏までの、山菜の和えもののコツ。むろん、畑の菜も和えてよろしい。野沢菜や大根のまびき葉を和えて見給え、旬が舌に沁みわたる。

柚子を絞って柚子味噌。梅肉をまぜて梅味噌。梅の色で紅味噌をつくるのが、O和尚の特技だった。和えものは、味噌が命だから、そのような工夫をするのである。こう書いてくると、O和尚はたった六種しか工夫は不要といっていたが、それぞれの材料にとりついていたようである。白衣の裾をからげ、帯の腹下にもう一本の紐を結んで、うしろ裾をたくしあげ、前合わせは行儀わるくはだけ、褌をちらつかせながらザルの芋に包丁をつかっておられる光景がうかぶ。

この方はのちに奈良で一番の精進料理を出すG院の住職となられたのもわかる気がする。美しい奥さまだった。いまのD院ご住職のご母堂にあたる方である。奈良のG院は本孝老師のご遷化の寺だ。私にご縁のある方たちの眠っておられるお寺である。そのお寺が、精進料理の神さまといわれるほど、大勢の信者を得ておられる物語は、また、べつのことになる。法施と食施については『赴粥飯法』や『典座教訓』から引用してこなければならないが、そういう言葉世界を、つまり、思想や概念世界ではなくて、実体化されるのが台所仕事なのである。「調理」なのである。理を調《ととの》える二字の出所はここにある。たとえば「馳走」が客の顔を見て小僧が畑へ走る姿からきているように。

さて、柚子や梅肉で、白味噌も赤味噌

も味がひと工夫されたように、木の芽和えや、酢和えなどという言葉も生じている。旬を見て、それぞれの山菜や畑菜の顔や姿にあわせた和え方といってよい。

ここで、知ったかぶりなことをいっておくと、南海の孤島へ左遷されたことのある中国宋代の詩人蘇東坡がよく菜を好んで和えものとし、手酌で酒を呑んで無聊の夕刻をすごされた話は有名である。全集を繙いて、南海の日録をよんでいると、先生ご自身が惣菜を煮たり和えたりして客に供しておられる。このような一日がある。中国語がよく読めない私でも、じっと漢文の字づらを見すえていると味も光景も彷彿してくる。

「元祐四年十月十八日夜、王元直と酒を飲む。薺菜を啜《すす》って之を喰ふ。甚だ美なり。頗る蜀中の菓菜を憶ひ、悵然《ちょうぜん》之を久しうす。」

薺菜とはぺんぺん草である。さて私の和えもの十珍にうつる。

たんぽぽの白酢和え

先ず、たんぽぽをえらぶのは、北御牧の勘六山のたんぽぽは犬の歩かないところだけえらべば新鮮で、夏までつづく。いつでも供応の材料になるのでとりあげる。

たんぽぽは野路に咲くとはいうけれど山の地べたに扇子をひろげたように葉を八方に敷かせ、茎を一本、天にまっすぐのばし、その先端に黄色い花を咲かせているのである。そして、夏末がきて、白い綿帽子がつき、ふわりと珠状になって風が吹くと松間を散る。春先の地面にむらがり生えるのは、この風媒のせいであろう。

これを摘んでくるのだ。花もいい。茎もいい。葉もよろしい。すべてがたべられる。たんぽぽを私はよく画材にするのだが、花器に入れたあとを喰うのはこの花ぐらいだ。

野路のをさけ、なるべく草むらの中のをえらんで摘むのも犬の小便を警戒するわけだが、犬の小便のかかったのにも元気がもらえるのがたんぽぽである。私はよくこの花の茎もいっしょに槌でたたいて汁を絞り（むろん和えものの際の煮汁も）小さいボウルに入れて絵具にし、たんぽぽを描く。花の汁でその花を竹の紙に描くのである。画道を極めた人には、邪道とさげすまれようが、私には春を描くにはたんぽぽの汁がいちばんふさわしいように思われる。むろん喰うのも春を喰うようなものなのである。

私は和えものにする場合、たんぽぽの蕾《つぼみ》を極上としている。花も茎も葉も水洗いして、べつべつにゆでるのだが、にがみがつよいから、かなり時間をかけねばならない。色あせてきて、煮汁が青黒くなり絵具につかえる頃に、穴しゃもじで掬いあげ、数時間水にさらして、さらにアクをぬくのである。水からあげてよく絞り、長いものは包丁で一寸ぐらいに切っておく。花も蕾も絞っておく。

擂り鉢に豆腐を入れてよくすりあわせ、砂糖と酢で味をととのえ、よくのばしておくのである。それにたんぽぽの花と、茎と葉もまぜて和える。

色合いを考えた鉢にもりつければ、春は卓上にきて芳香をはなって口に入るだろう。

O和尚はいっていた。たんぽぽは西と東と、つまり、関西と関東と九州とで花も黄色さがちがうそうだ。信州はどっちなのか知らないが、勘六山の花は、私には黄味が濃いように思える。京に比べてそういうのである。よく鴨川べりを歩くので、たんぽぽには食欲をそそられるゆえ、目がゆくのである。白酢和えにかぎったものではなく、たんぽぽは何でもよろしい。胡麻ひたし、油炒めもよろしい。

大工のY君は、根もうまいといっていたが、私はまだたんぽぽの根を喰ったことがない。しかし、蘇東坡先生は食されたのではあるまいか。孤島での孤独な暮しゆえ、たんぽぽの根も味わわれたと思う。

「王元直と薑蜜酒《きょうみつしゅ》一杯を飲む。醺然《くんぜん》として経《ただ》ちに酔ふ。親しく鎗匕《そうひ》を執つて薺青蝦羹《かこう》を作る。之を喰ふに甚だ美なり。」

切干し大根の白酢和え

切干し大根のゴミをとりのぞき、す早く水で洗って、水にひたしておくのである。この場合ごしごし洗うのはいけない。切干し大根はせっかくかわいて大根の甘味を温存しているのであるから、それを尊ぶのである。さっと水洗いしたあと、さらに水を加えて、ひたひた程度にしてゆでるのである。このゆで汁に醤油、昆布だし、砂糖など入れて、うす味をつけ、煮すぎぬように下煮して、やがてだし汁を多く加えて、切干しの甘味が逃げないように下煮ができたのを、ザルにあげて水を切っておく。

つぎに白酢は、あらかじめ豆腐を布に包んで重しをかけ、水気を絞っておいたのを擂り鉢ですり、充分にすりこんでから、白胡麻の油が出るまですったのをまぜて、酢でのばし、塩と砂糖で味つけするのである。出来れば、うら漉しにかけてきめを細かくするのもよい。豆腐のにがみはぬく方がよいので、湯煮したのを布にくるんでおくのもいい。擂り鉢ですする場合はさめてからでないといけない。不思議なことにさまさないとなめらかさを失う。

酢豆腐和えが出来たら、冷やしておいた切干しを大まかに包丁で切って、和えるのである。白酢に胡麻のほどほどにみえるのがよい。要するにこれは精進マヨネーズだろう。

この和えものにはトマトもよし、胡瓜もよしである。夏野菜のたまる冷蔵庫の掃除にはもってこいの和えものだ。

ぜんまいの白和え

信州では干しぜんまいはスーパーで買うのである。山へ入ってさがせば旬のがいただけるはずであるが、寺では乾物を使っていたので、私もぜんまいだけはそうする。しかし、わらびやつくしの場合はちがう。これは乾物もないし、旬の頃、摘むにかぎるからである。

干しぜんまいをよく水洗いしてから、たっぷりの水につけておき、そのままゆっくりと両手でもみほぐしたのをゆであげる。ゆでたのをひきあげ、ザルに入れ、水をかけてから、俎板にのせ、一寸ぐらいに切りそろえて、さきに書いた切干しのように下煮してザルにあげておくのである。

よく湯煮して豆腐のアクをぬいておかないとまずいことを知るべきである。擂り鉢ですり、胡麻も入れて、切干しの酢ぬたと同じようにつくり、これにぜんまいを入れて和えるのである。さらにこの時、にんじんをゆでておき、千切りにしたのをまぶせば、色合いもよく、皿にもりつけた場合に舌を誘う。にんじんの紅は白酢に似合う。味もよし色もよし。

五目酢和え

材料は大根、椎茸、すだれ麩《ふ》、油揚げ、糸こんにゃく、白胡麻の類で、これこそ冷蔵庫にある野菜なら何でもよろしい。生椎茸があれば極上だ。干椎茸の方が甘味が濃くて充全。椎茸はぬるま湯にしばらく浸し、やわらかくなってきたら石づきを傘のつけねから切りとり、根茎も細かく千切りに切って、すだれ麩は三、四時間水につけて、長いものならタテ割りにしたのをうす切りにし、糸こんにゃくは四、五回包丁を入れてから熱湯でゆで、ザルにあげておく。大根は、五センチぐらいに丸切りにし、皮をはいでからタテにうす切りし、二ミリはばほどに切っておく。この大根だけは、ボウルにでも入れて塩をふりかけ、二十分ぐらい寝かしたあと、かたく絞るのである。

　これらを、酢に砂糖、みりんを加えた甘酢につけておくのである。油揚げは、四方に包丁を入れて二枚にひらくのがおもしろい。中身に味がしみるからである。油ぬきしたあと千切りに切っておく。これらの五目を鍋に入れ、ひたひたに昆布だしをそそぎ、中火で煮て、汁の煮つまるまで待ち、最後にかきまぜてからザルにあげて冷やしておく。

　酢の方は、これまでの如く、白胡麻を加えて、よくすってから、豆腐を加え、つけておいた大根をよく絞り、パラパラほぐしながら先に煮あげて冷やしておいた材料をまぜて豆腐に和えるのである。ごたごたしたのをよろこぶ客もいる。人をみて、馳走はつくるものなのである。とくに五目和えは女性客がよろこぶ。私のすくない客すじの話だが。

にんじんの白和え

　にんじんは皮をむいて、中芯のある場合は黄色いところを除き、長さ五センチぐらいにして千切りにする。鍋に湯をたっぷりにして千切りのにんじんを入れ、そのまま強火でしばらくゆで、途中で中火におとして、三十分ばかりゆでてから底のひろいザルにひろげながら水を切るのである。さらにこれを鍋に入れて、うす味で下煮して酒を少々入れてみると、味がこくなっているから妙だ。

この下煮はわずかな時間でよい。にんじんの型がくずれぬように、かきまぜるのは禁物。静かにザルにまたもどして汁を切っておく。

さて豆腐は、アクをぬいたのを布につつみ、俎板に重しをかけて水切りし、冷え切ってから擂り鉢に入れて十二分にすりこみ、砂糖と塩で吟味し、ととのえる。砂糖をアクぬきするには、とろりとするまで湯で煮たのを絹漉しするのである。絹がなければ木綿布が二枚あればよい。これを豆腐に加えて、さらに塩、味噌（赤、白）などをまぜてもよし。よく吟味して、すりこむ。

こうしてできた和えに、さきの冷えている千切りのにんじんを和える。豆腐がどのように効いているかで、この和えものはきまるのである。ていねいなアクぬきを要するのも、デリケートな味をひき出すためのことで、たかがにんじんと思う勿れである。こうして和えてみると、にんじんは、さらに、もり小鉢の如何で朱の色が白い豆腐にまぶれ、舌を誘うのである。精進の醍醐味がこういう一品に存在するのである。

干し柿の白和え

材料は、干し柿に豆腐、椎茸、こん

にゃく等五目のときの要領、何でもよしである。干し柿さえ美味なるものを吟味して買ってくればよい。北御牧では、柿は屋敷の入口に二本あって、夏は蔭が出来るほど枝をひろげ、鈴なりになる年はゴミ袋に五十杯も収穫して、東京へ送ったことがある。不作の年でも、この山柿は二十や三十はなるので、つるし柿には毎年こと欠かない。それで、つるした柿をさらに白粉のふくまで保存しておいたものを和えものに使うのだが、リンゴ、バナナ、ミカンの類を適宜に切ってまぜ加えてもよい。うすい塩味でととのえた豆腐に和えこんでみるのもウイスキーのあてにもってこいだが、甘党によろこばれる一菜だ。椎茸や、こんにゃくは細くこまかく切って、五目のときのようにザルにあげておいたのを和えるのであるが、干し柿が充分もりつけられるように多目につくっておく。私は時折、この和えものを三時の茶の時間に、濃い渋い茶を淹れて客と向きあう時に、冷蔵庫からとりだして、小鉢に入れて供するが、よろこばない人はいない。

ひじきの白和え

材料はひじきと豆腐が主である。にんじん、グリンピースなどあればさらによし。

ひじきは水につけて十分間ばかりおき、ざっと水で洗ってから、熱湯に十分間ぐらいつけておくのである。水につけて長くおくと、甘味が逃げる。湯に浸すのも、甘味をそこなわないようにするためである。煮ながら、ひじきはもどすのである。わかめなども同様である。海草類はとりわけて、大ざっぱにもどしては味が淡くなってしまう。料理に心得のある者はこれぐらいのことは知っているのは当然だろうが、若妻に見うける台所風景で、水につけてもどしさえすれば、わかめもひじきもそれでよいと思っている向きが感ぜられるからこんなことを書いておくのである。先の切干し大根も然りであるが、乾物のほとんどはもどしながら煮る心構えがなくてはならない。その材料の味が存分に鍋の中でひらいて、客の口に供せられるからである。

ひじきは、長すぎぬようにに包丁を入れておき、にんじんも一寸ぐらいに切っておく。

フライパンを熱し、胡麻油をひいて煙がたちのぼる頃に、にんじんやグリンピースを入れて炒め、醬油、砂糖で味つけし、うす味ぎみにして、あと冷やしておくのである。

さらにフライパンでは油を足してひじきを炒めて、さきに同じように調味してさまし、ザルにあげておく。

豆腐はいつもの如く湯煮してアクをぬいたのを、軽く絞って擂り鉢に入れて二十分ほどするのである。よくすれたところへ、ひじき、にんじんを和える。同じ下ごしらえでも、にんじんとひじきをいっしょに煮るのは芸のない話。当然のことだが、黒いひじきの色がせっかくの朱のにんじんを染めてしまう。汚れたものは皿の上でも汚れてみえるものである。先の五目和えなどだけが、汚れもまぶしの仲に入れてもらえるのかもしれない。

はこべの和えもの

はこべは、勘六山の山菜の王者である。竹の紙漉き場の杵つき池の排水をかねて、天然の水流にしたがって、はば一尺五寸ばかりの溝川ができ、畑の手前の池へ落すのに石組みの滝が出来てしまったと書いておいたが、じつは、この溝川へあそびにくるひよどりの男女（と勝手にきめている）が水をあびたり、雑木の実をついばんだりして、ときどき、この二羽が仲よく水浴する光景など見せたが、このひよどりがはこんだものか、あるいは、虻か蜂がはこんだかしらないが、溝の岸にクレソンとはこべとゆきのしたが繁茂し、はこべは、杵つき池の周りにのびはじめた。川をつくって五年ぐらいしか経っていないのに、はこべの繁殖は他の草花をぬきんでているのである。また、勘六山の春先は、松林の地面にたんぽぽやはこべが芽をふきだすと、淡みどりの海である。その葉がたべられるのだからうれしい。

むかし、京都の宗門中学生だった頃、軍の命令で配属将校の指導で、皮が裏毛つきで背嚢《はいのう》となる兎を飼うのがはやり、校庭の隅に舎をつくって、兎を二十匹ほど飼ったが、当番が廻ってくると、近くの妙心寺本山の竹藪のへりを流れる川岸まで行って、じゃぶじゃぶ水につかりながら、はこべを摘み、これを兎にあたえていたが、七十八になって、自分がたべるようになるとは夢にも考えていなかった。はこべは雑草であって、食料にならないものときめていたのである。このことは、さきに書いたいぬたでと同じであるが、畑の菜根を尊んで、山の雑草を軽侮する習慣がこの国にあったことはたしかである。このような区別がいつ頃から発達したのか調べてみたいけれど、たぶん、はこべは古代の人間や猿が生《なま》で喰っていたのだろう。

この草が、春の七草を代表するようになるのは、この国に歌のできた頃からと思われるから、人も動物も芽だちしたやわらかいはこべは喰ったはずだ。

このはこべのみずみずしいところを摘んで熱湯に一どずぶりと入れてさっとゆであげる。青みどりの野草の香が台所に充満するはず。よくゆでたのに水をかけて冷やし、包丁で細くきざんで胡麻和えにするのである。

また醬油と砂糖、みりんで煮ものにするのもいい。油揚げがあればしめたものである。さらに、フライパンに胡麻油をひいて、炒めてみるのもいい。少し醬油を濃くしてとろ火にかけて味をつけると、よいつくだ煮になる。私は秋ぐちの葉唐辛子と競う味だと思うのだが、読者はどうか。

また、はこべの一夜漬けもおいしい。新鮮なところを摘んで塩をふりかけ、朝の食卓に供するのである。「夕拾朝饗」という言葉があるかどうか知らぬが、文字どおりはこべの一夜漬けにあてはまるだろう。味噌汁にもいい。辛子をねって、醬油でのばしたのへ、はこべのゆであげたのをすぐ冷やして、つけて食するのもいいだろう。

筍の木の芽和え

ゆであがった筍をうすく細く切って、白味噌に木の芽をすりこんだ鉢へ入れてまぶし和えるのである。筍は年じゅうあるものではなく、北御牧の場合は、紙にも使うから貴重である。先に書いたように、ハチクなので、茎は細い。だが孟宗の太根より甘いのはなぜだろう。粘土質の藪つちがいいのかもしれない。畑にすれば甘い芋もとれるところだし、筍も甘いのだ。木の芽の青がとけたうぐいす色の味噌にまぶれる筍の黄肌が季節を感じさせる。

いごの白和え

若狭では、いごとよぶ海草である。まだ春先の寒い頃に、波をかぶる磯の岩づたいを歩くと、赤みどりの海苔のような藻がはえている。これを摘んで、熱い湯に通して、固く絞ってから千切りにきざんで、豆腐をすりつぶした擂り鉢に入れて、和えるのである。和名ではテングサというらしいが、寒い日の朝、いごとりの主婦を見る若狭には、まだ原子力発電所はなかった。きよらかな磯の光景があった。谷の川が農薬の排水路となり、原発から手当金の入る漁夫には、いごとりなどはもう昔の労働になってしまった。
北御牧で、いごの白和えがたべたくなると、わざわざ、若狭大飯町に住んで、釣り好きでもある弟に依頼する。

このように書いてくると、私の和えものは、百珍に至るほどである。たとえていえば、ずいき、初茸、胡瓜の胡麻味噌、馬鈴薯の胡麻味噌、丹波黒豆の胡麻味噌、里芋の胡麻味噌、あげてゆけば切りがない。山へ入って季節季節のものをひっこぬいてくるのだが、葉をしごいて和えるのだから、かぞえれば日に日に新顔の材料に困らず、一年に三百種はあろうか。唖然とされる読者もおられようが、私は、前書にも書いたように、心筋梗塞後の心臓壊死部三分の二を抱いて生きる七十八歳の男子である。その日ぐらしといったって一年は誰にでも三百六十五日はあるのである。山へ入り、畑へ入りして、その日その日出会った菜や山菜の葉や茎をちぎって和えものにするのは、人体実験的でもある。全国六十万の心臓病患者のために、日々の食事工夫を実験してみてここに書いているのだから。

山の幸を書き加える。たら、あざみ、すい葉、おおばこ、つくし、れんげ草、のげし、ゆきのした、ふき、わさび、いぬたで。勘六山にはいぬたでが多いから行をあらためておく。

この世に「蓼《たで》喰う虫も好き好き」という言葉がある。蓼はにがいからそういうのであろうか。よく、京料理で鮎が出ると、蓼酢がつけられる。にがさは極上である。だが、このにがさを嫌う人もいるから、「好き好き」というのであろう。ところが、勘六山のいぬたでは、にがくないのである。たではたででも「いぬたで」であるから、あの柳の葉のような蓼ではない。勘六山では草のように背丈も低く生えている。なぜ、このおいしい草を、いぬたでなどとよんでさげすみ、犬の通り道にあるからそのようにいうのかもしれぬけれど、俗称、あかまんまであるといえば中野重治詩集の「あかまんまを歌うな」という詩を思い出される方もあろう。女子のままごとに、よく赤飯の代用につかわれた草である。都会の道ばたにもある。土があればあかまんまだ。夏になると（勘六山は七月はじめ）桃色の小さな花が稲穂状に咲いている。このいぬたでの花も茎も葉もたべられる。勘六山には秋ぐちになると人の背丈ぐらいにのびたのもあるから、一本をしごいてくれば年寄りひとりの惣菜にはこと足りる。おいしいたべごろは、花の咲くまでの若い時期。茎の節にははかまがついているから、これをしごいて捨て、よく洗って塩をつまんだ湯に入れて、固めだったら重曹も入れて煮るのがよい。茎をつまんでやわらかくなったらあげて、水をかけてさます。ゆですぎる。たとえば、だらりとなるから注意を要する。たとえば、ほうれん草に似ていて、ゆですぎると歯ごたえが乏しくなるのである。いぬたでもこれなのだ。束ねて絞り、俎板の上で切りそろえ、胡麻和えにする。味噌和えにしてもよろしい。白酢につけてもおもしろい。豆腐をつぶしてもよい。正体がわからぬほどにまぶして、喰ってみることである。山の幸とはよくいったもので、われわれ年輩の病人には大きな山の生気をもらったような味だから、いちどやってみるがいい。油炒めもけっこう。いぬたでが、八百屋の店にならぶ時があった話を、七十八までできかなかった。よほど犬と名づけたことが、あのおいしい草をさげすむ結果になったのだろう。京都にながく暮したけれど、禅宗料理に欠かすことのできなかったはずのいぬたでが、天竜寺や大徳寺や妙心寺の門前の八百屋にあったのをみた記憶はない。七十八歳にして、この世にあるものを勿体ないことにしてしまってきた人生をふりかえる。山野のいぬたでに人生をかさねる私を、諸君はわらうか。

揚げもの十珍

小粒馬鈴薯のから揚げ

三つ鍬のあいまからこぼれる畑の小粒な芋を拾い集めてよく洗う。指でつまめばうす皮がとれるはず。また擂り鉢に三十個ほど入れて、ころがせばうす皮はめくれる。水を入れて皮を捨てればいいのである。このようなことも、Ｏ和尚は得意だった。

　これらをよく布巾でふいて水気を除いてから、油でから揚げにする。熱いうちに塩をふりかけて味をみればよい。砂糖と醤油で炒め煮にしてもよい。また、団子のように串ざしにして、砂糖醤油のたれをぬってみるのもおもしろい。畑の屑のように思えた小さな芋が、工夫しだいで何やかやに化けて客によろこばれるのである。

茄子の揚げだし

　夏野菜は何といってもわが畑では茄子が王者だ。七月のはじめぐらいに、旬の茄子を素揚げして、たっぷりの大根おろしで熱いうちに食べるのはおいしいものだが、大きめの茄子で、紫色が美しく光沢があり、皮の弾力の張ったのをえらぶと、味もよいのである。皮の硬いものは、まずい。また曲っているようなのも不思議に味はちがう。にがみがある。これは、道元禅師の「麁を軽んぜず細も尊ばぬ」精進に反するようだが、素揚げの場合は、美味なのをえらばないといけない。曲ったのや、光沢わるく、皮の硬いのなどはべつの煮物にしたり、蒸しものにしたりする時に、活躍させればいい。

　素揚げのコツは、よく水洗いして厚さ二センチぐらいに輪切りにして、両面がうすく色づくまで揚げ、油を切って、器に五切れぐらいずつもり、おろしたての大根をたっぷり添えるのである。醤油は客の好みに委せるがよい。あらかじめ大根はおろしてから三十分以上は経っている方がよい。茄子が揚がるそばから、熱いうちに食べてもらうのである。この熱いうちにというのが、この料理の肝心なところである。醤油はあまり多くかけない方がよい。また、天つゆで、大根おろしを添えるのもいいだろう。天つゆの濃いのは、熱く揚げた茄子にはあわなくなる。大根おろしをたっぷり添えるのは、揚げものを淡白にするためである。おろしのなかに生姜をすって足すのもいいだろう。

かぼちゃの塩胡麻

かぼちゃの皮をまだらにむいて、できるだけ濃いみどりの色どりを楽しむのである。

　適当に切って、中身のわたをよく除き、少しのこす場合はタネを完全にのぞき、生ぐささを取り除くためによく洗わねばならない。厚さは五ミリぐらいに、小さいかぼちゃなら半月に切ったのを、横半分に切った程度でいい。全体にかるく塩をふっておいてから、二十分ぐらい置いて、余分の水気を吐き出させるのである。かぼちゃによっては水をふくみすぎて生ぐさいのがあるから、この塩で水を切ることが肝要。塩はこの果実の甘味をひき出すためである。水分を吐き出したのをさらに布巾でふいて水気をとるのもいい。一枚ずつ切ったのをかさならないように浅底のザルにならべ、天日にあてて干すか、途中で裏返すかして、充分に水気をとるのである。フライパンの熱した油に少しずつ両面がきつね色に焦げるぐらい揚げて紙にとり、胡麻塩をふりかけて供する。この調理法は、畑の夏野菜なら何でもよろしい。馬鈴薯など、うす切りして揚げるのもいい。茄子も、胡瓜もよい。ピーマンもししとうもいいのである。からりと揚げて、大根おろしで供する。私は、かぼちゃを煮るけれど、この揚げものをもって旬の王者としているが読者はどうか。

湯葉の素揚げ平椀

京都へ行ったら出町の桝形《ますかた》市場で、生湯葉を買う。信州でも近頃はスーパーなら売っていて京都に比較して遜色はないのである。一人前に湯葉二枚としたものだが、四角とか円とかに巧妙にたたみこんで（市場で買うものは、ちゃんとたたんである）素揚げするのである。油がこくなりすぎたら熱湯をかけて除いておく。一方で昆布だしに醤油、砂糖で味つけたものを煮たて、湯葉を入れて浮かせ、吸口に木の芽などそえて、椀ものにして供するのである。柚子があればうすく切って出すのもよい。カボスがあればしめたものだ。

この平椀は、乾物の湯葉が中心ゆえに、禅宗寺に好まれた料理で、例の麩屋町の仕出し屋からきたHさんの得意の汁が、アルミの細長い水筒型の容器に入れられてきたものだった。小僧の私は、湯葉のたたみ方や高野豆腐のサイコロ切りも教えてもらった。

生湯葉の海苔巻き揚げ

この生湯葉を素揚げするとき、海苔一枚を二枚に折って、内にたたみ、湯葉と海苔をきちっとかさね、ぐるぐる巻きこんでしまうのもHさんの手だった。Hさんは、湯葉の先を、海苔よりも長くするのがコツだといっていた。長いのを半分に切ってそろえて素揚げする。これを平椀のすまし汁に調味して木の芽か柚子を添える。椀のふたをとった時、黄色葉に黒い海苔が渦をまいているけしきがおもしろい。客はこういう細工をよろこぶものである。

生湯葉のもやし巻き

生湯葉でついでに思いだしたのは、も

やしを生湯葉に巻いた素揚げものである。

　もやしは、太くてみじかいのをよって洗いおき、水もよく切っておく。一ど沸騰した湯をくぐらせ、やわらかくなって腹がくだける前にあげるのがコツ。もやしのゆですぎは困る。せっかくの歯ごたえが惜しいのだ。といって、この料理特有の青くささを嫌う人もいるのでむずかしい。私など、湯をくぐらせて、もやしのくささは気にならない方だが。風味を逃がしてはならぬ。旬を喰うのは結局はその風味ということになる。

　よく湯を通したのち、湯を切ったのを、フライパン上に油をひき、手早くもやしを炒め、うすく塩をつけておく（吐き出した汁は捨てるのだが、ほんとうに捨てるのではなく、味噌汁にでもすれば味がふかい）。とにかく、さましておいた一枚の湯葉をひろげて、もやしを手前の方にかさねておき、ぐるぐると巻き、十センチぐらいに切り、太さは二センチ五ミリぐらい。あとで半分に割り切って供すればよいのだから、太巻きもおもしろい。乾燥湯葉でもよいのだから、乾燥の場合は、四、五分間水につけておいてからやればいい。新品の生なら、さっと湯をくぐらせる。

　この生湯葉は白味噌酢で甘く和えるとおいしいものだが、このとき、ねり生姜でも添えれば格別のもてなしだ。

　湯葉料理の方法で、生麩を使ってみるのも京料理の冬のにぎわいである。寺では冬は畑にほうれん草とねぎくらいしかないので、乾物買いに走ったものだが、乾物の王者は椎茸、湯葉、生麩だったと思う。これらに高野豆腐があれば、豪華至極である。

さて生麩の場合だが、地粉一キログラムほどに塩を大さじ二杯ほど加え、ボウルに水を入れて、練りこんでゆくのである。水の量はコップ三杯くらいか。一どに入れてしまわずに、練りながら足すのがコツ。はじめはべたべたしているが、よく練ってゆくと、だんだん団子状にととのってくる。これをたっぷりの水につけてもみ洗い、澱粉が流れ出たのを、バラバラにくずすのである。これが生麩の製造法で、寺でよく見た。

漉し器をつかって、澱粉を流し去り、残った生麩をきれいな水で洗い、バラバラのをこねて、かためると三百グラムぐらい出来る。これを団子にちぎってまるくし、水からゆでるのである。昆布だし、醬油、砂糖で味つけして煮るのもよいし、ゆであげた後は、団子に針かつまようじで穴をあけ、中火かとろ火で、ゆっくり煮るのがよい。煮上がれば、これをさまして、煮しめものとしてうすく切ってもりつけて供する。今はどうか知らぬが、相国寺にいた頃、本山や大徳寺へゆくと、門前に有名な仕出し屋があり、この生麩つくりをよく見せてくれたものである。たしか、いまでも大徳寺前の豆腐屋では「一休麩」と名づけて売っていたように思うが記憶ちがいかもしれない。

生麩団子の煮しめは、うすく切ってもりつけるのであるが、白酢をかけて供するのもいいだろう。白酢は豆腐をよく絞り、砂糖と酢で調味してから、さらにうら漉ししたものが尊ばれる。濃い味で、油こく出来ているから、白酢が合うのである。豆腐のかわりに白味噌をつかってもおもしろい。この生麩を素揚げするのがある。生麩（きぶ）とよぶのは禅寺むけのもので、よもぎ麩はよもぎ葉を、栗麩は栗を、はこべ麩ははこべをというぐあいに、それぞれ畑の産物や山の菜の混じった麩をつくって素揚げして供するのだが、むろん、たっぷりの大根おろし、ねり辛子など添えれば極上。

こんにゃくの辛揚げ

こんにゃくを、細切り短冊にして、中へ包丁キズを入れ、端をくぐらせて、立《た》涌《わ》状にして、フライパンで胡麻油を熱しておいて、七味唐辛子をふりかけながら炒めるのである。この際、みりん、砂糖で味つけするが、煮汁は、からからになるほど、焦がし気味にする。

胡瓜の辛揚げ

大胆である。そのものずばり。一どやってみるがいい。中華料理店へゆくと、よく油で炒めて、赤唐辛子など添えて出される。あの味覚を家でやってみるのである。かんたんだ。胡瓜を短冊に切り、フライパンの胡麻油で炒める。塩と唐辛子をふりかけ、胡瓜から出た煮汁と油がまじって、微妙の味になるのを待つ。あまり、甘くしない方がいい。酢和えもいいだろう。

筍のから揚げ

京では五月だけれど、信州では六月に藪に筍が生える。前書に書いたように、紙漉き用の若竹、ハチクを育成しているので、孟宗のように太くなくて、細いのである。竹紙にしたいために、筍はほとんどたべないように大人の背丈になるまで待っているのだが、あまり密生してくると困るので、筍の時にまびく。むろん、わかめと炊きあわせもするけれど、意外にから揚げが簡単で、うまい。土中にうもれていた部分をよく洗い、皮をむかないまま米のとぎ汁に漬け、とろ火でやわらかくなるまで湯だけで煮てアクをだし（竹箸で刺てみてやわらかさを判断する）、水をかけてよくさましてから、皮をとりのぞき、先端の部分もていねいにのこしてタテ半分に切って、醤油、砂糖でととのえた汁で煮るのである。これをザルにでもあげ、布巾でよく水気を切って、素揚げしてみる。木の芽の酢和えもよい。煮しめてもよろしい。筍のから揚げは何にでもむくのである。

かぼちゃのから揚げ

水分のないかぼちゃをよって、皮を斑らにむいて、うすく切る。これを塩味でから揚げにするのである。煮ものでないから、甘味が逃げていない。

以上のように、私は北御牧村勘六山に移住してから、世間の人のうらやむ揚げものの山菜にめぐまれているのだが、世間の人の畑づくりときけば、夏野菜であろう。それも私は、畑は畑で楽しみながら冬越しする場合には、乾物などを買いにスーパーへ自分で出かけて、この頃は殆んどの品物が手に入るのをよいことにし、昔の手がおぼえた寺の料理を思いだしてはつくってみたのである。それで白髪もふえない心臓三分の一の生活がどうやらいとなめているから妙である。何どもいうようだが、ことし七十八歳である。

自分で作って喰っていると、人の作ったものではないから、まずければ遠慮はいらぬ、捨てればいい。これをつづけていると、都会へ出た時、ホテルや料理屋のものを喰う気がしなくなる。京都に出かけた場合は、書斎にしているマンションがあるので、そこの台所で、季節季節の京野菜、京乾物に親しむくせがつき、またそれが、日頃からの心臓病食事としてのリズムをくずさないので、自分でつくるのである。それゆえ有名店やホテルの料理など、たまに座談会やパーティによばれて、食事をするのでわかるのだが、私のよりはまずい。同じ生麩や湯葉や高野豆腐が出てもである。近頃の店頭料理ほど投げやりでまずいものはなく、材料もニセモノが多いし、調理工夫も、見た目色とりどりではあるけれど、味つけも投げやりに思えるし、見た目に走ったものが多い。それでうんざりして帰るのだ。

もちろん、高級料理店はちがうだろうけれど、そのような有名店にはあまりゆく機会がない。ごく庶民のゆく店やホテルの場合をいっているのであるから目くじらを立てないでほしい。子供の頃の舌がおぼえているあの素うどんのうまかったこと。たぶんだし汁の問題だろうけれど、あのだし味のいい素うどんが町から消えてしまったことに黙っている人も多かろう。汽車のホームの立喰いの素うどんまで味はかわったように思うが、老人読者はどうか。

但し、信越線横川駅の「玄米弁当」、東海道米原駅の「湖北のおはなし」は別だけれど。世間には、じっくりと、自分の味を頑固に守る弁当屋があるものだ。その弁当を買って、椎茸ひとつたべても躍りあがりたいようなのがある。私はそういう弁当に出あいたいために旅をする。いちいちメモをとって自分の精進の教科書にしているのである。JRの駅の数はいくつあるか知らぬが、わざわざ「ひかり」を拒んで、「こだま」で降りてみる駅もある。弁当がそうさせるのだ。これを喰い意地が張るというなら、あえてその罵言をあびたいものである。

焼きもの十珍

くわいの遠火焼き

まっ先に書いておきたいのはこれである。くわいは冬にならぬと売っていない。京都ではおせち料理に欠かせないが、私はくわいが八百屋に出ているると買いこんで、遠火で焼くのである。それだけである。能のない話だがよけいなことはしない。炭火ならそれに越したことはない。おなじ七輪でも堅炭ならけっこう。備《びん》長《ちょう》とまで望まないけれど火力のつよい炭ならいい。

ガスの場合でも、遠火にするのである。くわいはよく洗って布巾でふきとるぐらいにして網にのせ、そのままガスなら中火で焼く。狐いろに焦げてくる。箸で刺さなくてもぷしゅっと音がして、実の中の空気が水分を吐いて湯気となり、裂けめをつくる。それをまめにころがして焼く。いっておくが皮をつけたままだから、皮は焦げているのである。裂けめを見て、湯気が立ちのぼるのを見つめてから、網から一個ずつはなし、俎板か皿の上で包丁で半分に切る。皿の小隅にあら塩をもりつけておく。これでいいのである。むかし、某新聞が、作家たちに好みの一品を所望し、めいめいがそれぞれ秘伝を開陳する頁をもうけたことがあった。私にも順番がきて、このくわいの遠火焼きを披露したところ、先ず、鎌倉の小林秀雄先生とゴルフ場で会った際、「きみ、あれはうまかったよ」とよろこばれた。むろん、前に出した『土を喰う日々』にも入れておいたのだが、前書でも書いたように、瀬戸内寂聴さんが、読んだだけでもうまそうで、すぐやってみたがおいしかった、それ以来、『土を喰う日々』はその日から台所の教本になった、とまで賞められたが、作家ばかりでなく、読者のなかでも、このくわいの遠火焼きは一どならず旬がくれば、おやりになった方もあるやもしれない。野菜のぜんたいが、少しも逃げないでいただけるからである。ただし、くわいのことだから、独自のにがみはある。これがないと、くわいとはいえない。好きな人はこのにがみを愛するのである。私は大好きである。くわいをもって精進焼きの第一章とする所以である。この方法で、里芋もやればいい。芋類はすべてよろしい。さつま芋もよろこばぬ女性はいないはず。新じゃがいもだってよい。寺のO和尚は皮をむいて焼くと叱りつけた。くわいも、新じゃがいもも、さつま芋も、皮を焦がすのがおもしろいというのだった。何でも皮はむくものとはかぎらない。皮がついているからぷしゅっと音も出、湯気も立つのである。くわいはおせち料理では煮しめで仲間入りしているけれど、私は煮ものも好きだが、にがみをなるべく逃がさない、多少は辛く煮たのがよいと思う。

豆腐田楽

豆腐はよく水を切って、布巾の上から鍋ぶたで押えるぐらいがよい。適当な厚さに切って竹串に刺し、これも遠火で焼くのである。焼き豆腐を自分でつくると思ってよい。

問題は、味噌にある。木の芽田楽、ねぎのすりこみ田楽、黒酢田楽、あげてゆけばきりがない。赤、中、白の味噌を好みにまぜるのもよし。擂り鉢でよくすりこんで、昆布だしでのばして、焼いた豆腐にぬるのである。木の芽をすりこめば木の芽田楽だし、くるみをすりこめばくるみ田楽である。ねぎをすりこむのもよいし、山椒もいい。つまり、芳香あるものなら何でも尊いのである。豆腐の田楽ほど楽しいものはない。精進ならではのもので、これは寺では女客によろこばれる。

揚げ豆腐のつけ焼き

豆腐ばかりではない。油揚げの醤油つけ焼きである。たっぷりの大根おろしで供するのである。

里芋の醤油焼き

里芋にもいろいろある。八つ頭《がしら》、唐の芋、えび芋、やまと芋などだが、O和尚の言だと茎の青いのはえぐいそうだ。ずいきのように赤紫色なのは茎自体も酢のものにしてもたべられるけれど、いまは八百屋で茎つきの芋は売らぬ。芋の葉柄や茎の色で、えぐいかえぐくないかを識る人も少なかろうが、禅寺の庫裡では、茎のない芋はなかった。つまり、むかしの山門前の八百屋では茎も土もついた里芋を売っていた。大きな桶に入れて水を張り、桶のへりに両足をのせて、器用に柄のついた木枠を左右にひねりながら、芋をころがし洗いしたものだ。水道はなかったので井戸水をつるべで汲み、桶いっぱいにひたらせると、むけた皮も流出するのであった。こんな仕事を典座の下男《したおとこ》として小僧はつとめたものだが、さて、いまのスーパーでは、皮をむかれた里芋がビニールの透明パックに入れて売られているから、皮むき仕事もしないですむのかもしれない。里芋には特有のぬめりがある。めんどうでも泥つきのを求めてきて、タワシでよく洗い、皮は包丁でカリカリと芋の方をまわしてひっかくようにむくのである。和尚は巧妙にやってみせた。私の精進は知識ではなく、手がおぼえたと何どもいうところは、里芋の皮むきを尊ぶところから発している。つまり道元禅師のおっしゃる現成《げんじょう》公案《こうあん》も、あるべきものがそこにあるありさまに、仏法が、やどっているのであって、典座もまた経をよむのと同じ勉強であった。すべてがお悟りを得る瞬間ともいえるのである。まことに諸法の実相こそ仏である。私にもあるし、芋にもあるのである。むろん、泥つきの芋を求めてきて皮をむくあなたにも仏はいる。

理屈っぽくなってしまったが、芋の皮

を除いたのをパックに入れて売ることをよしとするスーパーの出現以来、台所から仏法が消えているので、自ずから物言いが理屈めくのである。醬油焼きにもどる。

大きなのは、一・五センチぐらいにタテに切り、小粒のものはそのままにして、ぬめりとえぐみをとり、塩水につけ、一時間ぐらいおいてから、昆布だしでゆでればば最高だ。ゆであがれば汁をよく切って、ガスでも炭火でも遠火にして焼くのである。両面に醬油をつけながらである。皿にもりつけるとき、おろし生姜と、ねぎのみじん切りがあれば上々。

蕗のとう田楽

蕗《ふき》の薹《とう》を十珍に加えるのは、勘六山の三、四月に黙殺できないからである。杵つき場の池から流水の岸にむらがる蕗は、とうの出るのは三月末。早い年は、半ばには、土中から頭をもたげ、朽木を四、五本ならべて土がたまってしまっている木橋にも、むらがり生えるのである。朽木が櫟《くぬぎ》だと椎茸も生えて当然なのだが、下を清水が流れているので生えてこない。さて蕗のとうは、ひよどりか虻蜂の類が水浴にきて、花粉をちらしてくれたものか、あるいは、岸の親蕗の根が橋までのびてきたのか。とにもかくにも、ピンポン玉ぐらいなのを収穫して、よく洗い、沸騰している湯に塩を少々つまんでゆでるのである。わずかな時間でアクが抜ける。しかし、蕗のとう独自のにが味も尊いので、さっとゆであげるのが肝心。これをザルに入れて、冷水にさらして半日ほどおく。使うときは固く絞って、俎板にのせ、みじんに刻む。これが出来上りである。味噌は赤、中、白とりまぜてよい。砂糖、昆布だしなどでのばして少し固めに出来あがるのへ、とうのみじん切りをかきまぜるのだ。

土まるごとの春の味だ。にがいもののゆえ量はいらない。白味噌だと春さきのうすみどりの芽がまじるのは、眼にもうつくしい。つけるものは豆腐でもよし、里芋、じゃがいも、何でもいいのである。ただ、春先のことゆえ、筍はまだ早い。豆腐や芋など、無難というべきか。

蕗のとうは、味噌汁などに入れてみるのもいい。

ここで、竹串についてのべておく。豆腐や芋を串焼きにする時は、竹紙の原料である竹餅つくりの合間に青竹の節とりをするので、その時に割って干しておくのである。これがかわいたら、適当な寸法のヒゴにして、小刀で一方をななめに切ってとがらせておく。よくスーパーへゆくと、金属製の串を売っている。針金など使う人もいる。金属串はヤボの一語につきる。見た目もわるい。精進料理には、錆びの匂いはなじまない。生ぐさいからだ。竹串まで自分でつくるのが精進のおもしろさだ。いっておくが、串は丸くけずってはいけない。豆腐の田楽では、二つに割って、股をひろげて刺すが、これは、節の手前まで割りこんで、火の上でひろげればいい。青竹のおもしろさで、火の上だとすぐ固定する。子供のころ、若狭の村でスキーを親に作ってもらったが、割竹の先をまげるのに火の上で親が反《そ》りをつくってくれた。あとは雪で冷やせばもどりがなかった。竹串も同様である。

馬鈴薯の串焼き

私だけかもしれないが、じゃがいもには西洋の印象がある。ある人の説だとジャガタラ産だからそうよんだのだそうだ。慶長の頃に、オランダ人がジャガタラから長崎にきて、寒冷地に植えたのがはじまりだそうだが、北海道や信州の名産になった。北御牧村農協も一品運動にえらんでいるが、私の畑も前に書いたように、成績がよい。八月に新じゃがを掘り、畝にのこした大きなのを籠に入れて地下室に貯えている。これを冬場にとりだして、焼いたり煮たりするのである。ここのところ買ったことがない。

馬鈴薯を焼くには、なるべく凹凸の少ないのをえらんでタワシでよく洗い、皮のうすいのがよい。ゆでるには古芋は水から、新じゃがは湯からにする。これは寺でそう習ったのだが、理由はわからない。O和尚は凹んだところの芽を嫌っていた。ソラニンとかいう毒があるといって、包丁でえぐりとっていた。包丁の手前のカドを、凹みに入れ、芽をとりのぞいておく。ただし、これは古芋の場合で、新じゃがの小粒なのには凹みはすくない。

串焼きは新じゃがに限るのだが、中ぐらいの三個ほどを太めの串に刺してあぶるのである。

つけるたれは、味噌を酒でのばしたものを擂り鉢でこね、砂糖もみりんも入れて、ととのえてから芋にぬるのである。味噌のたれもおいしいが、醤油と砂糖でもよい。つけ焼きもいいだろう。もり皿には生姜をおろして添えるのもいい。

こんにゃくの山椒焼き

こんにゃくを沸騰した湯に入れてゆでて、熱いままをザルにひきあげ、さめるまで放っておき、さめたのを五ミリぐらいの厚さにそぐように切る。それを弱火であぶって、たれをつける。たれは砂糖醤油でもよし、山椒をすりこんだ味噌を酒でのばしてもよろしい。たれをぬっては焼き、二、三回くり返すのがいい。

大根の風味焼き

大根の皮をむいて厚さ一センチぐらいに輪切りにするのである。大きめのは半分にしてもよい。形をくずさぬように、蒸し器に入れて火をつよくして箸で刺せるようになったら、醤油と砂糖で味をととのえたたれをくぐらせて、竹串で弱火で焼くのである。あつあつのところを供するのがいい。とても、新鮮なご馳走である。

蕗のとうの味噌焼き

先にも書いた蕗のとうをよく水洗いし、水気をふり切ってから布巾で表面をふいて、胡麻油をぬって串で焼くのである。芯まで火がとおったら、小皿にもって、もろみ味噌を添えて供する。酒のサカナにもってこいの一品である。にがみを嫌う人には出さないのがいい。

もろみ味噌は、夏野菜にいいのである。胡瓜、ピーマン、青唐辛子、から揚げの茄子など、おもしろい。なお、蕗のとうの胡麻よごしのおひたしなども、愛酒家によろこばれよう。蕗のとうを焼いていると、青い地球を焼いている感じがする。焼ける匂いを嗅いでいると、壊死した心臓も生々してくる。死んでいる心房が生き生きするなら、三分の一の房も、深呼吸したくなるのかも知れん。

蒸しもの十珍

私の使っている蒸し器は、アルミ製の下方に段のついたところに、穴のあいたアルミ板がある。それがスノコである。ふたはわずかに丸みをもっている。圧力鍋などではないが、しっかりしている。古風な鍋である。これで重宝している。アルミはアルミでも卵色なのも私の好み。白いのよりはいいと思う。さきに竹串をつくるのに、金属の串をけなしたが、ここでアルミをもちあげるのは、勝手だ、とは思う。しかし、時どき考えるのに、買わないものの、市場で見かける鍋類の発達はめざましいものである。材料もステンレス、鉄など。それに、ほうろく風の圧力鍋など、ストーブでけんちん汁などをつくるとき役に立っている背丈の高いシチュー鍋。値段を見てびっくりするほど安く思えるのは、金属のなかった戦争中の生活を体験しているせいだろう。等持院にいた時は、平べったい鉄の大鍋に、藁で編んだ円形の輪に竹スノコだった。ひたひたに水を入れてかまどにかけ、薪で焚いたのである。鍋つかみでいちいち鍋のへりをもって、ゆであがったものを、ザルにあげたが、この時にスダレのように竹で編んだスノコも材料といっしょに落ちるので、熱い湯でヤケドせぬように気をつけていなければならなかった。そういう昔の台所から、まったく、鉄やアルミの消えた台所で暮した戦争中を思うと、現今の鍋の発達ぶり、あるいは、材料の豊富なことといったらなく、デザインなどもいろいろあってぜいたくなことだと思う。したがって、古風な蒸し器を使っている私をわらう人もいるやもしれない。しかし、馴れたのだから、これで、茶碗蒸しも出来るし、地粉もふくらむのである。

あとで述べるが、蒸しものはカンである。コツで中身をよむ力が要る。誰が茶碗蒸しの具それぞれをいちいちふたをあけて見よう。

なつかしいのは、蒸籠《せいろう》である。若狭にいた頃、母が、里の家から借りてきて、赤飯や、もち米を蒸してくれた。せいろうは多い時は四段くらいになっていたが、スノコは、ヒゴにしても一センチぐらいのはばで、苧縄《おなわ》で編んであった。布巾を敷いて端をつまんで出していた。スノコは音をたてて、巻けたようにも思う。巻寿司をつくる時のは、少し、せいろうのスノコより細《こま》かかったように思うが。いまにして、この道具は、台所のおろし金とともに、絶品で、芸術品であるような気がする。せいろうが正方形で釘一本使わぬ角い板の組み立てぶりだったことを思い出して見給え。あんなものを、いま造作なく作れる職人はそこいらにおるまい。不思議な作品だと思う。昔の台所にはそういう道具がいろいろあった。すりこぎ、しゃもじ、ふるい、おろし金。

○和尚はよく輪縄にのせるスノコの下

すれすれまで水を入れると叱りつけた。せいろうでも、いちばん下段は空にしたものである。湯のたぎりで蒸気に力があるから材料が躍った場合にべとべとになってしまうからである。とりわけて山菜や夏野菜を蒸す場合、土の甘味が尊ばれる。蒸気で水っぽくなるのを戒められたのである。ゆでるのとちがって蒸すのであるから、強火で蒸すのと弱火で蒸すのと薪のくべ方まで忠告された。芋や地粉、饅頭などは、強火で蒸したし、茶碗蒸しのように、中身にいろいろ具の入ったものは、いちど煮てあるから、弱火でもいい。ふたを少しあけて、ななめにして、蒸気を逃がしてやるなど、アルミ蒸し器ひとつ扱うにしても、材料によって、それなりの工夫が要る。ただ強火で蒸せばいいというものではない。ふたに滴がたまって、折角の材料を水っぽくしてしまうこともある。せいろうでもそうであったが、一枚一枚段箱に布巾をかぶせたのはそのためであろう。湯気も滴になる。こんなことは、典座の学ばねばならない諸仏の実相というものである。また、蒸しものは、蒸しあがったかどうかを見るために、ふたを何回もあけてはまずい。蒸しているのだから材料をダメにしてしまう。これは、体験、コツでおぼえるしかない。もち米、芋類、地粉のこねたもの、すべてカンであった。早すぎて生なものを供してはならないのである。はじめる前に、だいたいの時間を考えておく。私は茶碗蒸しは三十分ぐらいでやるし、地粉、パンなども二、三十分だ。蒸し器のふたをとらずに中身のかげんを見るためには、馴れた鍋が必要である。アルミ製を重宝しているのがわかってもらえよう。

先にも本篇で、さんど豆と、茄子の蒸したのに、おろし生姜を添えて供せよと書いた。蒸し野菜の王者である。二品を除いて十珍にうつる。

蒸し白菜

白菜は、青い葉と白い部分に切りわける。葉の先はさっと短くゆでておく。白い葉も千切りに刻んでからゆでておく。椎茸があれば水につけてもどして、好みの寸法に切る。にんじんか筍があればこれも千切りにしてゆでておく。つぎに豆腐を手でくだいて、胡麻油をひいて温めたフライパンに入れ、水気がなくなるまで炒める。そこへ、片栗粉をまぜて、団子にするのである。これを白菜の青葉で包む。蒸し茶碗に入れて約十分間ほど強火で蒸す。一方で、葛を昆布だしに入れ、砂糖醤油を入れたくずあんをつくっておいて、茶碗蒸しにかけ入れて蒸すのである。おろし生姜をひとつまみ、あんかけのてっぺんにのせて供する。客は、包みの中から何が出てくるかと楽しみにするのである。

土瓶蒸し

白菜蒸しの折につかった具などあればよし。ぎんなん、椎茸、にんじん、柚子、三つ葉、湯葉、昆布のだし汁。これが京風の材料である。土瓶蒸しといえば、松茸であるが、松茸がなくてもつくれるのである。ふつう土瓶は、盃のようなふたがついている。藤づるか何かのつり手がついている。中身がたのしみなので、高野豆腐のサイコロ切りもよかろう。こまかいものが、いろいろあって楽しい。松茸もあれば、むろんいい。盃のうらに柚子をふたつに切って添える。土瓶蒸しは、冬の王者である。ぎんなんをつまみそこねて声を出す女客もいる。

味噌蒸し豆腐

材料は、豆腐、味噌、醬油、砂糖、柚子、みりん、胡麻油。

先ず、豆腐をくずさないように水を切っておく。このあいだに、柚子味噌をすってつくる。白、赤、黒それぞれの味噌で、柚子を入れてまぜ、タッパーに入れて冷蔵庫に冷やしておけばよろしい。くさるものではない。平常からつくっておけば、豆腐さえあればいいのだ。台所に生きる者の心得だろう。擂り鉢でする前にちょっと弱火で煮て味をつけておくのもいい。これをすりのばすのには酒がよい。よく練って、味も甘すぎないようにする。むろん好みによるが、私の場合は、砂糖はほんの少々、かくし味ていど。柚子は皮ごとおろしたものをまぜるのである。皮だけでよい。白い実までおろすとにがい。

さて、水を切っておいた豆腐を厚さ三

センチぐらいに切って、小鉢に三個ぐらい入れて、この豆腐の上に、柚子味噌をたっぷりかけて、蒸気のふき出しているる蒸し鍋で蒸すのである。この場合、川岸のクレソンか山芹か秋なら菊の葉をちぎって味噌の上にのせておく。約五分間もすれば蒸しあがる。山椒の季節には、葉も実もよろしい。勘六山の杵つき場には山椒が何本も生えているし、山へゆけば摘める。山椒は香りがつよく、お年寄りの客には好適の一品。豆腐の水切りが大切で、水っぽくならないのがいい。

五目豆腐

豆腐はよく水を切ってから蒸し鍋で蒸し、すりつぶすのである。その時、塩かげんで味をつけておく。うす味がいい。椎茸、にんじん、ぎんなん、百合根《ゆりね》があれば極上。これにえんどう豆かグリンピースが加われば文句はない。私の場合は、湯呑茶碗の内側に胡麻油をぬり、具のまじった豆腐をつめこんで、蒸すのである。一方に、くずあんをつくっておいて、湯呑からぬきとった豆腐のあたまからあんをかけるのである。おろし生姜をひとつまみ添えて供する。

苞《つ》苴《と》豆腐

この名前は伊深正眼寺の師家であられた梶浦逸外老師のご本で識った。豆腐とおなじ材料である。巻寿司をつくる要領で、豆腐に具を入れて巻くのである。わらづとでくるんで、棒状にしたものを蒸すのである。わらの匂いが沁みて格別な味となる。京都ではつと入りの納豆を売っているから、これの残りをつかえばいい。北御牧で試みた時は、畑の肥やしに農家から買い込んだ藁をつかった。先にも書いたように、この村には、農家の主婦が集団で豆腐をつくっている。「みまき豆腐」と名づけて、役場の前で売っている。これを、かぐわしい藁の匂いで蒸しあげてみたのである。田舎料理でありながら、どこか上品な貴稟がただようから妙である。具の入った豆腐を海苔や、湯葉で巻いてもおもしろい。私は、京都の料理屋で、柚子やかぼちゃの小ぶりなのをくりぬいて、中へ五目豆腐をつめこんだのを供せられたことがあった。また高野山の坊でもいただいた。真言料理、禅清掃などといって、工夫をこらした精進料理は、真言宗にまかせて、禅宗はもっぱら、あと始末と鍋・釜洗いに徹するのをそういうのだときいたが、高野山では、お品書きがほしいほど工夫に富んだ美味なる精進料理だった。この道を研鑽するご住職や、坊守さんがおられるときいた。

蒸しうどん

うどん玉はスーパーへゆくと、おいしいのを売っている。高松産とかぎらぬけれど、日頃からおいしい銘柄をおぼえておくのである。なるべく、太いのがいい。うどんらしいのである。細すぎてはそうめんみたいだから。

　さて、太いうどん玉を湯通ししてどんぶり鉢にとりわけ、うどんの上に椎茸の千切りや、季節の野菜を揚げたり、油揚豆腐を千切りにしてのせ、下のうどんがかくれるほどにし、椎茸も油揚げも、前もって甘辛く下煮しておくのがよい。この煮汁をうどんに具をのせた上からかけるのだ。強火の蒸し器にかけて二十分ほど蒸す。くずあんをかけてもよい。いわゆる関西のうどんやでいう「たぬき」になる。

　ねぎを斜めにうすく切ってのせ、くずあんの熱で、ねぎが煮えるように工夫するのである。寒い冬はこれに限る。七味唐辛子もなくてはならぬ薬味。寒い村まで客はおいでるのである。芯からぬくめてあげたい。馳走にかけ走るとはこういう心である。

かぶら蒸し

　かぶらは京都の名産といってよい。独特の香りをもち、甘味をもっているので、これを嫌う人もある。好きな人は京の冬を喰う味覚だろう。

　北御牧は京ではないから、もちろんスーパーで買うのだが、近頃は京野菜も、京へ新幹線でゆかなくても買うことができる。それで京料理も信濃で出来るのである。

　さて、かぶら蒸しの方法だが、椎茸や麩は、みりん、醬油で煮ておき、別の鍋に、くずあんもつくっておく。だし汁にみりんでととのえたものである。あまり濃い味にならぬようにしておく。

肝心のかぶらだが、うす塩で味つけしながら、すりおろしておく。蒸し茶碗にこのおろしかぶらを入れ、上から、くずあんをかけて、蒸気のよくまわった鍋にならべて入れる。少しふたをずらしておく。二十分ほどで蒸しあがる。青みの菜は、九分どおり蒸せたところへ入れるのである。

山かけ蒸し

茶碗蒸しのときと同じ具を使って豆乳のかわりに、おろした山芋をかけるのである。そして、これを蒸し茶碗に入れて蒸すのである。豆乳のない場合に、山かけを代用にするのだが、山芋のおろしは、野味に満ちておいしい。山かけは茶碗蒸しでも自立する。

これで五種の十珍を作り終えたが、じつを申せば、北御牧の台所には、表紙のとれた前にものべた梶浦逸外著『精進料理口伝』（大法輪閣刊行）がある。師は伊深正眼寺僧堂で師家をされていて、晩年に妙心寺の管長になられたお方である。精進料理の神様だと思う。老師には晩年だったが、東寺の種智院大学でお会いしたことがあり、この本の読者になった。老師は伊深の山中に分け入って極意を語られる。実際につくりながら語られる。ほかに同じ出版社から、『精進料理の極意』という本も出ているけれど、この二冊が私のみちびきである。山菜など、見た目にはよくてもたべてみると、苦くてとてもダメなものがある。それで手引き書が必要なのである。老師も両書のなかで「典座をやるものは、一、二冊の本ぐらい読んでいないとダメだ」とおっしゃっている。二冊をお手本にして、私は、山へ入って惣菜を取ってきたり、畑へ走ったりして、自分で作ってみるのである。老師の本は、包丁の使い方から説かれるからていねいである。若い奥様方の必携書だろう。

ついでに重宝している本も紹介させていただくと、『大根百珍』『蒟蒻百珍』『甘藷百珍』『豆腐百珍』の四書である。これは、江戸時代の本であるが、私は現代語訳本を、山科醍醐寺の三宝院のみやげもの売り場で買った。

醍醐寺は真言宗の本山である。精進料理の本が売られていて当然だろう。私は、これらの本にみちびかれて、北御牧での日常を送っている。

後書　東坡羹

畑と相談しながら百撰料理をつくって、ずらずら書きはじめ、こんな枚数になったが、どこやら、当今流行の精進料理屋の「お品書き」めいたものを書いた気がする。「お品書き」とは、古い料理屋などで、カウンターの頭上に障子紙のようなものが貼られ、その日の料理品目を主人が墨書して表示しているものである。私は料理屋ではないし、前書にも書いたごとく、長野県の山中で畑づくりし、かつ、竹紙を漉いて、その日その日を過ごしている。辺僻な所なのに来客が多いため、つい、畑の作物を調理して、たべて泊ってもらうことを楽しみにしてきた。それだけのことなので、百撰とはいうものの、勝手な私の手づくり料理にすぎない。一年は三百六十五日あるが、毎日畑の作物が変るわけでもない。見馴れた畝と畝のあいまに佇んで、手籠に収穫する菜のもの、根のもの、山の自然生のも入れて、親しい菜は知れたもので三十種はあろうか。山菜は山へ行ってみても、先に採られていつもの場所にないことだってある。これは自然の理である。それゆえ、恵まれ物を大事にし、七十品を、そして一点で、十品ずつつくってみたのである。つまり、焼く、揚げる、煮る、和える、蒸すの五種に生を加えた。

そうはいっても、この仕事は楽しかった。一品ずつつくり終えて、味見する時は格別で、皿や小鉢に盛りあげて、写真家に手渡す時のよろこびは、『赴粥飯法』にも書かれていない心の躍動であった。しかも、畑へ出て、収穫、あるいは山を馳け走って掘る、まびくの気分は同じ空気を吸って生きているはずなのに、いつもとちがった。典座という仕事が、『禅苑清規《ぜんねんしんぎ》』（百丈慧海の集大成した禅宗寺院の修行の規範書）でも重要視され、悟道の人でないと司れない、と書かれているのもわかるのであった。臨済宗でも禅道場では六人の重要職が決められていたが、典座は、伽藍の修造、田畑の管理はもちろん、修行僧らの食事一切を司るのであった。重要職ゆえ、愚か者には廻ってこない。知客、副司などと同格で、修行も済ませた高位の人がつとめた。『禅苑清規』にこう書いてある。

「須《すべ》からく、道心を運《めぐ》らして、時に随《したが》って改変《かいへん》し、大衆《たいじゅう》をして受用《じゅよう》し、安楽《あんらく》ならしむべし。」

道元禅師は、『典座教訓』の冒頭部にこの清規の言をひき、昔日、偽山、洞山らも典座をつとめられたといわれ、著名な諸大師もこの職にあり、世俗の食厨子、および饌夫らと同じではなかった。

「山僧、宋に在りし時、前資勤旧等に諮問するに、彼ら聊《いささ》か見聞《けんもん》を挙げて、以て山僧の為に説く。此の説明は古来有道の仏祖の遺せし所の骨髄なり。」

つまり、禅師が天童山や育王山におられた時に、ひまをみては、先輩や長いあいだ役職をつとめた人たちに法をたずねてみたところ、その人たちは、自分らが体験したことを少しずつ説いてくれたが、この時の説明は、昔から仏道を求める深い心をもった代々の祖師たちが、後世に遺された根本的な教えだった。

さきに、私が、里芋の皮むき話をした折に、だいそれた「現成公案《げんじようこうあん》」をもちだしたのもこのせいだ。たかが台所作務という勿れである。道は茄子にも胡瓜にも教えられる。諸物の而今現成こそ仏法の真相であるからである。典座職は、修行を積んで悟りをひらいた人でなければつとまらぬといわれたのはここのところであろう。というと、私が、その職にあったかのようにきこえようけれど、前書にも書いたように、僧堂修行はしていない。九歳から童行渇食《ずんなんかつじき》をやり、「清規」では「駆鳥沙弥《くう》」だった。駆鳥というのは、台所で米を干している莚へ鳥がついばみにくるのを追いちらす役目の少年のこと。九歳から十四歳までの小僧をそうよんだと書く禅宗史もある。ただ、私はめぐまれて尾関本孝老師の隠侍をつとめたという体験があって、料理を東福寺の隠侍頭だったO和尚から学んだのだった。道元禅師のいわれる食厨子でもなく饌夫でもなかった。十四歳頃から十九歳まで、隠侍役になっていた。

さきに『典座教訓』の偽山、洞山のことをいったが、ここで横道を承知で説明しておくと、偽山が洞山に「仏とは如何なるものか」と台所で質問したら、洞山が、眼の前にある麻の束を指さし、「麻三斤」とこたえた。麻は、ふたりのいた道場のある地方の名産で、台所の陽当りのよい座に干してあった。三斤は、袈裟を織れるに充分な量だそうだ。さて、仏とは何かときかれて、「麻三斤」とこたえた洞山は典座職にあったといわれている。麻が干してあったからそれを指さし示していったのだろう。余のことは何もいっていない。これはのち日本につたわる『無門関』、『碧巌録』に出てくるので、ご存じの方も多かろう。そういえば、六祖慧能も文盲であった。台所の米つき場で腰に石をくくりつけて日がな米をついていたそうだ。作物はそのままの姿において、仏なのである。仏のいない茄子も胡瓜もあるまい。

私が、而今現成の畑の作物に感動しつつ、これを収穫して客に供した日々を想像してほしい。三分の二の心臓壊死という患いのあとで、足かけ三年の入院生活を送ったけれど、退院後に試してみた山居生活での、粗食ともいえる精進料理の毎日を想像してほしい。

退院するときに夢みた南宋の詩人陸游が、浙江省の寒村で、畑つくりの日常を歌った詩をさきに紹介したが、この翁よりは少し先輩に当るけれど東坡居士といい、禅を好み、「渓声長冗舌、山河清浄身」の名詩のある蘇軾も若くから地方を廻り、六十すぎてから流謫の辺地暮しで、旅先の常州で逝去したが、その晩年の食事は愛犬一匹と暮す惣菜での日常だった。東坡肉などといって、豚の角煮のようなものに名を冠されていまは中華料理に名がのこるけれど、実際は「猪肉頌《ちょにくしょう》」を読んでも、毎日喰っていたわけでもないのである。日常は「食豆粥頌《しょくとうしゅくしょう》」だったらしい。居士自身が、東坡羹《とうばかん》と名づけた其の引《いん》と頌をつけた文が、全集下巻、第二十にある。「甘苦は嘗つて極処より回る、鹹酸も未だ必ずしも是れ塩梅《あんばい》にあらず。師に問ふ此箇《しこ》の天真の味、根上《こんじょう》より来るや塵上《じんじょう》より来るや。」幸田露伴はこれをよんで、「塵は物質だ、根は舌根だ。根上より来るや、塵上より来るやと東坡羹の至真至淡の味を問うたところなぞは、流石《さすが》に渓声山色の偈《げ》を遺した人だけに洒落たものである」といっておられる。この頌は、応純道人が、廬山で法を求めたので伝授したことも書かれている。宋代の文語はよく理解できないが、じいっと漢字の列を見ていて、その調理法を想像し、実際にやってみた。かぶと大根と、菜っぱと生姜を醤油と砂糖で煮るのらしいが、鍋のへりに油をぬって具をならべ、その上に甑《こしき》を置いて、飯も炊くのである。飯が熱すれば菜はただれる。まぜればかやくめしだ。蒸しものの五目豆腐を紹介したが、この時、湯呑の内側に胡麻油をぬっておいて、よく蒸して饅頭型になったのを皿に裏返しておいたが、この時に油をつかった要領だろう。東坡先生の野菜かやくめしは塩かげん、つまり、塩梅しだいである。「東坡居士煮る所の菜羹也、魚肉五味を用ゐず、自然の甘有るなり」と頌にあるとおりである。魚も肉も用いないところが先生の好みだったのだろう。私は恵州の流謫の家で、孤独に菜羹をつくられる大詩人の日常を想像して、胸のつまるような思いがするのである。「平生万事足る、欠く所はたゞ一死」といった豪気な人が、こんなものを喰っておられた。「吾久しく殺を戒めしが、恵州に到つて忽ち戒を破り、数ゝ《しばしば》蛤蟹《ごうかい》を食ひき」と日録の文にもあるから、居士は蛤や小エビを喰ったあとで懺悔しておられるようである。

陸游翁も「肉一片も無し」といった。

秋風　万木　霣《か》れ
春雨　百草　生ず
造物　初めより何の心ぞ
時至れば自ずから枯栄す
惟だ山頭の石有りて
歳月　浩として測る莫《な》し
四時の運《めぐ》るを知らずして
常に太古の色を帯ぶ
老翁　一生　此の山に居り

脚力　尽きんと欲して　猶お躋攀《せいはん》す
時時　石を撫して　三歎息す
安《いず》くんぞ此の身の爾の如く頑なるを得ん

八十五歳の作である。「山頭の石」と題するのである。よく山芋とりにゆくと奇怪な石に出あうのは勘六山でもそうである。東坡先生の巨視の哲学が陸游翁の詩に相続されるとは吉川幸次郎先生の解釈であるが、私は、千年前に八十五歳まで生きられた野菜つくりの人を憶うのである。翁は八十五だった。東坡居士は、前記した如く旅路の常州で急病で逝くなったが、六十五歳だった。大昔のことだ、長寿に入れていいだろう。いまなら救急車もあって、死なれなくてもよかったろうに。

米を糴《か》い　束ねし薪を買い
百物は之を市《みせ》に資《よ》る
耕しと樵《きこり》に縁《よ》りて得るならねば
飽くまで食うも殊に味わい少なし
再拝して邦君に請《こ》い
願わくは一廛《てん》の地を受けん

非を知りて昨《きのう》の夢を笑う
力によりて食らわねば内《こころ》に愧《は》ずるを免《まぬが》れん
春の秧《なえ》は幾時か花咲くや
夏の稗の忽ち已《すで》に穟《みの》れり
悵焉《ちょうえん》として耒耜《らいし》を撫《な》ず
誰か復た此の意を知らんや

流謫の地を転々した生涯をふりかえり、自己の勤労によって、暮したかったと百姓を願ったのである。東坡居士は、農夫一人分の地を欲しかったのだった。耒耜《すきくわ》を撫でて暮した人であった。

私は座右の書にみちびかれながら、このような食用の書をなして、米塩の資《たすけ》とし、山菜と畑の作物を喰い、心臓を病みつつ、八十坂を登ろうとしている。その私も明日はわからない。

あとがき

この本をつくるにあたって、忘れてならないことがある。それは、先ず、山菜採りに山へ登ったり、畑の草とりをしてくれた高橋弘子さんの手助けのことである。彼女は、軽井沢時代から二十年ほど、精進料理のアシスタントとして裏で働いてくれたが、今回もその役目を果たしてくれた。何しろ私は重いものがもてなくなったうえに、足もひょろつきはじめたからである。スーパーへもまめに行けない。それをやってくれた。

料理の写真の殆んどは、朝日新聞写真部におられた頃からの友人、槙野尚一さんにお願いした。彼は、勘六山の隣人でもあるから、出来たぞおーと声をかけるとすぐ三脚をかついできてくれた。それと、岩波映画の今泉文子さんに撮影してもらったのも数点ある。

それと料理をもりつけた皿や小鉢の作者は、角りわ子さんだ。北御牧の粘土で焼成した陶は、北御牧の産物調理によく似合うのである。おいしいように見えるのも皿や小鉢の力であろう。
この四人の力添えがなくては、この本は出せなかった。後尾を借りて厚くお礼を申し上げる。

一九九六年十一月二十五日

北御牧村八重原
勘六山にて

水上　勉

【巻末エッセイ】

『精進百撰』ができるまで

山口昭男
（岩波書店元代表取締役社長）

一九九六年四月一九日、私は長野県北御牧村（現東御市）に水上勉さんを訪れた。二三年間携わってきた雑誌『世界』の編集を離れて、これからは書籍の編集をすることになりますと報告するためであった。

水上さんはその晩、陶芸をしている角りわ子さん、竹紙を漉いている小山久美子さんなど身近な人たちを呼んで食事をしながら、「ちょうどいい機会だから、山口君の慰労を兼ねて今年皆で一冊本を作らないか」と提案された。そして『土を喰ふ日々』（文化出版局）をもってきて、これは軽井沢で作った本だけど、今度はこの北御牧で精進料理の本を作ろう、題名は『精進百撰』、この夏に一気に仕上げようといわれた。何ともありがたいお話であった。

私が初めて水上さんにお会いしたのは一九七五年晩秋である。学生時代から愛読していて、編集者になったときぜひお会いしたいと思っていた作家のひとりだった。しかし当時の水上さんの忙しさは尋常でなく、物理的に会える状況ではなかった。そこで中央公論の編集者時代に水上さんと親交のあった作家の井出孫六さんに「水上先生に何とか会えないだろうか」と頼み込んだ。井出さんとは、一九七三年に私が岩波書店に入社してまもなく一緒に大雪山を取材したことがあり、親しくしていた。いまから思えば無理なお願いをしたものだが、井出さんは快諾され、新宿西口の高層ビルの最上階で夜の九時に二人でお会いすることができた。私は二六歳。水上さんは五〇代半ばで、すでに文壇の大御所だったから、こちらは緊張しっぱなしだった。それでも「それでは一度短篇でも書きましょう」とやさしく言ってくれたのをよく覚えている。

そして最初に短篇をいただいたのが、一九七六年の五月だった。「棗《なつめ》」というタイトルで、北京で棗を買ったことから、子どものころ友達の家にあった棗の木のことを回想するという内容だった。

その後何回か短篇をいただいたあと、一九八五年七月号から八六年六月号まで「破鞋」を連載していただいた。これは雪門玄松という鈴木大拙や西田幾多郎の師にあたる禅僧の一生を描いた作品で、翌年二月に単行本化された。このときから水上さんは戸籍謄本に倣って、姓の読み方を「みなかみ」から「みずかみ」に改めることになった。この「破鞋」というタイトルを決める時も楽しかった。最初は「破草鞋」とした。しかしどうもしっくりこない。その後「わらじ」は「鞋」一文字でも読むことが分かり、漢字二文字でいくことにした。しかし「やぶれわらじ」と読むのはどうもリズムが悪い。そこで漢和辞典を引き、「鞋」が「あい」と読むことが分かった。音で読むことにして「はあい」としたのだった。

ところが二年後の一九八九年六月四日に悲劇が起こる。このとき水上さんは日中文化交流協会の訪中団の団長として北京に滞在していた。そこでいわゆる「天安門事件」に遭遇したのだった。ホテルから見た事実にショックを受け、帰国直後心筋梗塞を起こしてしまった。それから水上さんは、半年を超える入院生活を経て、三分の一になった心臓を抱え、住まいも軽井沢から少し標高の低い北御牧村に移り、畑を耕し、土をこねて陶器をつくり、竹を漉いて竹紙を作り、絵を描くなどして、療養に努めていた。

その間、何度もお見舞いに行きながら短篇や随筆を書いていただいていた。私の父親も心筋梗塞を患ったことがあったから、父は病後の心構えや日常生活などを書き綴った手紙を水上さんに差し上げるということがあった。それに対して、水上さんから長文の丁寧な返事をいただき、父親がたいへん感激していたのをよく覚えている。

この流れの中で実現したのが『精進百撰』だった。ある意味では天安門事件に遭遇したことがこの本を生んだといっていい。

『精進百撰』の構想、企画はまたたくまに確定し、レシピは驚くほどのスピードで作られ、料理は次から次へと完成していった。一〇月には執筆も終わり、翌一九九七年二月に刊行したのだった。

料理のアシスタントは軽井沢時代から精進料理作りを手伝っていた高橋弘子さん、写真は朝日新聞社写真部記者だった槇野尚一さんにお願いした。

百の料理のレシピをカラー写真入りで紹介するという、当時としては画期的な本に仕上がった。私はそれまで雑誌編集者で、単行本は数冊しか作っていなかったから、本格的な本づくりはこの本が最初といってもよかった。

私は毎週北御牧に通っていた。料理ができると、すぐ隣に住んでいた槇野さんがカメラを抱えて駆けつけてくる。北御牧の土でつくった品のある器はすべて角りわ子さんの作。そして出来上がったら皆で食べる。このひと夏の体験は他では得られないとても楽しい思い出になった。料理本は難しいとよくいわれる。写真は美味しそうに見えなければいけないし、実際に食べてみて美味しくなければならない。それらはすべてうまくいった。

水上さんは「あとがき」で、ともに料理を作った仲間たちへの感謝の言葉を綴っている。私への手紙には「私がいっては何ですが、短い文はこれでリズムが出ていて、包丁の音がしているようにできていると思いました。人が書いたものだったらたぶん感心したでしょう」と書かれている。またこの本の本文の「後書」には「この仕事は楽しかった。一品ずつつくり終えて、味見する時は格別で、皿や小鉢に盛りあげて、写真家に手渡す時のよろこびは、『赴粥飯法』にも書かれていない心の躍動であった」と書いている。

この本のいわば前身ともいうべき『土を喰ふ日々』は雑誌『ミセス』に一九七八年一月号から一二月号まで連載された文章がもととなっている。そのとき水上さんは五九歳。作家として脂の乗りきっていたころであった。「芋も大根も、菜っ葉もみな生きもので、当人（？）たちが、それぞれの工夫で、霜の多い年や、雨の多い年や、旱天の年やを、必死に生きてきていることへの感動だった」と、その本の「あとがき」に書いているように、精進料理は水上さんにとって暮しの対象だった。

しかしそれからほぼ二〇年後、七七歳の時に書いた『精進百撰』のキャッチコピーは「どっこい生きている」である。一九八九年六月四日に遭遇した天安門の悲劇によって三分の一になった心臓を抱えての精進料理であった。二〇年の歳月を経て描かれる精進料理はもはや対象ではなく、暮しそのものだったのである。

その後も折に触れ、遊びに行っては、文学談義などをし、社会のありようを語り合っては、お宅に泊まっていた。居間のテーブルにはいつも広辞苑が置いてあった。広辞苑の勝手な頁を開いて、そこに出ている言葉を巡って議論を交わすという遊びもよくした。議論の中で、とりわけ水上さんがこだわったのが若狭の原発の話だった。水上さんは若狭出身だから、昔から大変関心があって、七〇年代末京都でお会いすると、ここの電力はみな福井で賄っているのだから、大切に使わなければだめだと言っていた。原発で変わった故郷を描いた「金槌の話」もこのころの作品だ。

八〇年代に入ると「もくもくと古都へ電力を送る若狭を私は愛するしかない」(『日経新聞』一九八二年一月六日付)。「この原子力発電も、三〇年で稼働年限がくる。いまは花形のようにいわれる「火壺」も、その時がくると、始末のつかない廃墟に化けるそうだ。これは常識だ。……私たちは、そのことを経験した地方を知らない。日本国じゅうの誰もが知るわけがない。そのことは未知のことだから。どうか、わが故郷の愛すべき人々と美しい山河とを、棄民地帯とさせないでほしい。手をあわせて祈るばかりだ、といえば、反原発論者は笑うか」(「若狭にて」)と書いている。

それが一九八六年のチェルノブイリ原発の事故を契機に、次第に原発に厳しい姿勢を持つようになっていった。直後の講演会では「私は相変わらず、原発ドームの村でたじろいでいます。あのドームは安全だという多数の中の一人なのです。たじろぎながらも、言います。若狭の在所を第二のチェルノブイリにしてはならない、と。私はそこに生まれてしまったのです」（『朝日ジャーナル』一九八六年五月二三日号）と語っている。翌年から連載を始めた長篇小説『故郷』はそうした世界を描くことになる。この小説はなぜか一〇年もの間出版されず、刊行されたのは一九九七年六月になってからだった。

一九九九年一二月二四日のクリスマスイヴには次のようなメールが送られてきた。

「私は思う。原子力の平和利用というけれど、茨城県下の東海村の臨界事故のお粗末加減といい、私の故郷若狭高浜のプルサーマル発電所で使う大事な計画書にイギリスのねつ造があったということなどのNHKニュースなどをきいていると、一二月二二日付の朝日新聞と毎日新聞では、東海村で被爆した大内久さんがなくなったニュースで大内さんのご遺体の状況は広島の被爆者と同じような光景だったと読まされると、平和利用とは言うけれどとても危ないことに手を染めているような気がする。聞くところによると、プルサーマル発電にはフランスなどは慎重であるそうだ。バケツでウラン溶液をくんでいたなどと聞けばなおさらだが、私は身内のものが若狭高浜から一〇キロ以内に何人も住んでいるので他人事ではない。つまり、この国の行政に任せていると、私らもいつか大内さんの目に合うと思うのである。原子力平和利用を根本から考え直しを迫られているように思う。私はプルサーマル反対の一言運動を今日から始めることにした」

そして「高速増殖炉を「もんじゅ」、新型転換炉を「ふげん」と呼ぶ、誰がこんなことを思いついたか」と怒っていた。

こうして時系列に見ていくと、水上さんの在所若狭への愛憎、原発に対する心の葛藤がよく分かる。二〇一一年三月一一日を水上さんはどのように受け止めるだろうか。

水上さんは何ごとにも強い好奇心を持ち、自ら調べ、言語化しようとしていた。晩年には、また一緒に仕事をしましょう、題名は決めたからと言われて、一枚の原稿用紙を差し出された。それには「老前〈八十二歳〉老後」と墨でしたためられてあった。しかしそれは実現できないまま、二〇〇四年九月八日に水上さんは亡くなられた。

本書は一九九七年二月、岩波書店より刊行された『精進百撰』（二〇〇一年一月、岩波現代文庫収録）を原本とし、再編集したものである。

水上勉（みずかみ　つとむ）
1919年、福井県生まれ。38年、立命館大学国文科中退。種々の職業を経た後、48年、処女作『フライパンの歌』を発表。松本清張の影響を受けて推理小説を書き始め、『霧と影』『海の牙』が直木賞候補となり、61年、『雁の寺』で直木賞を受賞。ほか主な作品に『五番町夕霧楼』『越前竹人形』『宇野浩二伝』『一休』『良寛』『寺泊』などがある。2004年、歿。

田畑書店

精進百撰

2022年10月20日　第1刷印刷
2022年10月25日　第1刷発行

著者　水上 勉

発行人　大槻慎二
発行所　株式会社 田畑書店
〒102-0074　東京都千代田区九段南3-2-2　森ビル5階
tel 03-6272-5718　fax 03-3261-2263
本文組版　田畑書店デザイン室
印刷・製本　モリモト印刷株式会社

ISBN978-4-8038-0402-7 C0095
定価はカバーに表示してあります
落丁・乱丁本はお取り替えいたします